ナンクルナイサの経営から発展する会社へ

社長業と会社経営

平良 修 著

新星出版

はじめに

社長1人だけの会社や家族経営会社においては、経営（マネジメント）と言われるほどのものは必要ではないかもしれない。しかし他人を雇い、社会に働きかけ、お客さんから見返りとしてある程度の利益を得るようになり、社会との関わりもでてくると、会社は社会的責任を負うようになる。チャレンジ精神も湧き出てきて、会社を維持発展させることを願うようになる。そのときから経営力やマネジメントが重要となってくる。

会社が社会に存在できる理由は、地域社会やお客さんへの貢献である。会社が発展する原動力は、社会に貢献する喜びとその成果である。

会社は儲からなければ継続して生きていけない。儲かることとは、社会に存在を許された証しでもある。

「儲かる」ことと、「利益を出す」こと2つの意味は、似ているようで非なる。「儲かる」というと卑しい言葉に聞こえ、「利益」というと正当的に聞こえるが、必ずしもそうではない。

経営上「儲かる」とは会社が潤うことであり、「利益を出す」とは、決算書の数字の上での話である。

私が経験した限りにおいて、儲かっている会社と儲かってない会社の差は、年を追う毎に広がっていく傾向にある。

儲かる会社には、勝ち癖があり、お客さんや受注先とどう接すれば良いか？　今日利用して頂いたお客さんが、明日もまた再度利用していただけるかを、自然に当たり前に意識せずに実践出来るような仕組みができている。

儲かってない会社は、儲かってないことを何かのせいにして次の手を打たない、顧客の行動をあまり考えようとしない。言い訳がうまく改善や改革､工夫をしようとしない。

また適正値段がつかめず、会計に興味が無く原価計算をせず安売りする傾向にある。

値段の高い安いは、最終的にはある意味市場が決めることであり、その調査研究をあまりせず、自らが決めると思っている。更に会社のマネジメントが出来てなく、経営の仕組みが出来てない場合が多い。

――――ある花屋さんの例である。ある町に店舗を構える花屋さんが言うには、飾り付けを綺麗にしても、高級な花を揃えても、この町では花は売れないとして嘆く。この町に金銭的余裕とか、花を愛でる文化的余裕はないと言い訳をして嘆く。

お客さんは合理的に行動する。まず安くて良い花を提供してくれるかどうかで動く。次にお客さんの期待以上に応えてくれるかどうかで動く。

他の町に店舗を構える花屋さんがある。この花屋さんに盛り花を注文すると時間通りに配達してくれて、飾り付けも見事である。届けてくれた相手先の写真まで写してハガキにして返信してくれる。時には依頼した花だけ、時には花と共に相手先の喜んだ顔写真も同時に返信してくれる。依頼した方も嬉しくなる。

ある町にある花屋さんと、他の町にある花屋さんの違いは、お客さんに期待以上のことを提供してくれたかどうかである。他の町から離れたある町のお客さんであっても、次回も他の町の花屋さんに注文したいと思うのは、お客として自然の姿である。――――

この本は、他人を雇い会社の経営がある程度必要となった中小企業小企業を中心に書いているが、これから会社を起こそうとする人や学生、現在は家業であるが将来的には会社を大きくしたいと思っている者、会社に属して働いている者にも大いに役立つように書いた本である。

この本が企業経営の迷いを払拭し、やる気の元になれば幸いである。企業は金儲けのための道具ではない。企業は地域社会から人を採用し組織を形成する。

企業は意識するしないに関わらず、お客さんの期待に応え満足を与え、社員に給与を支払い、その背景にある社会を平穏に存続させ、社会に貢献するために存続する。利益は、その見返りである。そのことを理解してくれたらうれしい限りである。

ナンクルナイサの語源であるが、日本語の何もしなくても「なんとかなるさ」とか「棚からぼた餅」とは意味が違う。どちらかというと「人事を尽くして天命を待つ」に似ている。昔、農業で米を作っていた頃の話である。稲作農家は4月頃の雨期の前の時期には、あぜ道を固めて水路を整えたり、田圃を整地して柔らかくしたりして田植えに備えていたが、水がないと田植えにならない。雨が降ることを自然に頼るしかなかったのである。つまりやるべきことをやって後は、自然に任せるということを「ナンクルナイサ」という。企業経営はそうはいかない。何とかして雨を降らさないといけないのである。

この本は、先に出版した「ナンクルナイサでは会社経営は続かない」の補強版である。先に出版した本を未購入の方は同時にご購入下されば幸いである。先の本と多少重複することもあるが、理解を深めるための方法であることを知っていただければ嬉しく思います。

ナンクルナイサの経営から
発展する会社へ

＊

目次

第2章 社長がやるべきこと

第3章 ― 経営方針

1 経営方針の策定 80

2 経営目標を策定する　91

第4章―経営方針と社員

1 社員も会社の重要な戦力 118

2 社員の心構え（やるべき事）　141

第5章 事業を改善し良い会社にする

第6章 決算書の利益とキャッシュフロー

8　貸借対照表の構造　239

9　決算書から経営を分析する　246

第7章 会計から見た企業経営の変遷

第1章

企業が社会に存在する理由

1 企業の存在価値が分からないと経営に没頭出来ない

◆企業が社会に存在する理由

高い技術や数多くの人脈を持って会社を興した、あるいは自分とあまり差のない友人が起業したのだから俺にも出来ないはずがないとか、長く勤めたがこれ以上人に雇われるのがイヤで起業したとか、親の会社を引き継いだとか、起業の動機や形は多種多様である。しかし企業の存在価値は一つしかない。地域社会への貢献である。企業経営に根をおいた貢献である。地域社会へ貢献しているという自負は、企業を発展させる為のモチベーションにもなる。地域社会に貢献し活動している姿こそが企業の大きな存在価値であり、働くことの価値でもあると同時に、感謝の恩返しでもある。

企業は、社会やお客さんに良い商品良いサービスを提供することにより、代価を受けることに価値があるのであり、商品を仕入れ、サービスに掛かった経費や管理をすることに対しその代償として代価を受けるのではない。会計の上では、売上と費用が密接に絡んでいるように計算される。経営の上では、代価を受ける売上活動と、経費を支払う仕入れ活動の発生源とは全く別モノであると理解しないといけない。

良い商品、良いサービスの価値を決めるのは、お客さんであり企業ではない。商品やサービスがより良いものに変身するには、お客さん側からの効用の高さであり、利便性や精神的安定性である。その為に企業は、企業として社会に上質な精神的利益や、お客さんの生活に安定や潤いを与える為に、経営し活動し、その見返りとしてお客さんや社会から経営に必要な経済的利益を享受する。

経営は、ナンクルナイサの精神では立ち行かない、何のために企業が存在し、どうすれば継続できるのか、これが分からないと会社は継続しない、お客さんや社会から相手にされない。ナンクルナイサの経営から抜け出し、発展する会社へ、変身することである。

◆利益の発生源は外部にある

利益は企業内部からは発生しない。利益は企業の外部から、すなわちお客さんや地域社会からやって来る。その為には企業外部のお客さんや地域社会が、当社に対し何を期待しているのか？ 何を要求しているのか？ 企業自ら外部社会へ問いかける必要がある。

企業の内部からは、その利益を得ることを目的とした、原価や経費などのコストが発生するだけであり、この原価や経費は必ずしも利益をもたらすとは限らず損失を生ずることも多々ある。

利益を産み出すには、いち早く社会の流れ、時代の流れ、経済の流れや、行政の動向や規制緩和、当社が属する業界に関係する各種情報を敏感に感じ取り、如何にしてお客さんや社会の要求や需要、あるいは沈黙または埋没している需要を掘り起こすかである。

社会の流れを掴み、社会に貢献する企業として存在することが企業発展の基本であり、利益の発生源である。利益を生み出すこと、これは企業に課された責務である。利益は社会に貢献した良い経営の結果である。利益最優先の会社はどこかで疲弊してくる。あくまで利益は良い経営をした結果であり、あとから追ってくるものである。

◆時代の流れを早く掴むこと

社会は常に時代と共に流れ変化する。そのたびに人の生活は、時代の流れや変化を取り込もうとしたり、それに対応しようとする。

その流れや変化を敏感に感じ取り、社会や顧客の需要に応えるのが企業である。その為には、その流れや変化を掴む為の情報収集アンテナを立てておかなければならない。

社会には、埋没し沈黙している需要がたくさんある。なくても社会生活に支障はないが、あれば生活上便利になったり、不安が消えたり、癒しになったり、と様々である。

それは時に社会生活をする上では、慣れきっており特に必要でないかもしれないが、企業が参入し手を貸すことによって、社会や顧客に貢献できるものがある。ここに企業としての必要性が生じてくる。

事業は大きく方向変換するときはリスクが伴う。リスクを最小限に抑えながら、顧客や社会の要求に応えることが出来ないと企業は生き残れない。

既に大きく業績が悪化した後の方向転換や新規事業への乗り換えは、資金力のない中小企業小企業にとって至難の業である。できれば通常の経営の中で少しずつ社会の流れを見ながら対策し順応していくことが賢明である。

このときに経営を、数字という物差しで、変化や大きさを知る必要がある。このときに経営の物差しを提供するのが月次決算である。正確な月次決算は、常に会社経営と共にある。

寄り道

需要の掘り起こし

企業自ら需要の掘り起こしの可能性として、引っ越し業者やリフォーム業などの骨董市やフリーマーケットなどの開催がある。引っ越しやリフォーム、結婚等により多少の不要品や骨董品、いらなくなった中古品が出るのはごく普通である。そこで交換市場の開催である。不要品を処分したいというお客さんの要望にも応えることができ、それにより話題性を発揮し本業の売上につなげることも可能であろう。

2 企業も地域社会の一員である

◆企業は地域社会と共存共栄の関係にある

会社も地域社会の一部を構成する。他の会社から見ると、我が社も地域社会の単なる一員であり、社長や社員も会社を離れると地域社会の一員である。

会社は、地域社会から人を集め、仕事をしてもらい、失業者を少なくし、組織を作り経営活動をし、利益を得て給料を支払い、地域社会に貢献することによって成り立つ。会社は地域社会と切っても切れない縁で結ばれており、共存共栄の関係にある。

会社は常に地域社会の動向、同業者の属する業界の法律の改正、行政が発する政策や予算の状況等をいち早く掴み、経営対策として位置づけ、地域社会と共に歩む必要がある。法律の改正や行政が進める施策は、ビジネスチャンスでもあり、当社に与える影響を充分に勉強し、調べる必要がある。

企業は地域社会を豊かにし発展させる責任を負っている。その為には、行政の動きを知り、法律の改正に敏感になり、経営知識を高め、技術力を高め、社会に役立つ会社になることにより、地域社会に迎え入れられ、その社会の一員に近づくことになる。それにより企業にとって大きなビジネスチャンスも生まれてくる。

地域社会にとっては、企業が有用な価値を作り出し提供し、社会に溶け込んで調和し、その企業が継続発展していることが地域社会の誇りにもなる。

良質の商品やサービスを、時間やコストの効率を改良したことにより、お客さんへ安く早く提供できたことも、お客さんへの貢献の一つである。また建設業などの公共工事を主とした受注産業であれば、工事を発注する役所が期待する工事経歴、資格や条件の保有、総合評価などの期待にどの程度応えるか、これらは短時間では対応出来ない。少しずつ確かめながら確信しながら対応する事である。

3　企業の目的は社会に貢献することである

企業は利益を計上することにより社会に貢献できる

企業の目的は「とにかく利益を上げることである」と考える社長がいる。商品を安く買って高く売ることであり、人を安く使ってサービスを高い値段で提供することである。この考えはあまりに短絡すぎであり、情けない。それだけを中心に考えると会社が企業として成り立たなくなる。

利益は企業にとって必要不可欠であることは間違いない。利益は企業活動として社会に認められた結果である。商品を安く買って高く売ることや、人を安く使うことを理念として会社経営をしていたのでは、利益を算出できないばかりか、人さえも寄ってこなくなる。利益を生むその経営のプロセスを、経営者は熟知しなければならない。

企業にとって当社が、現在取り扱う商品やサービスが最高の価値を持つものであることに、社員は自信を持ち情熱を持って提供することが不可欠となる。良い商品やサービスを提供していることが、社会に対する責任であることに信念を持つことである。そうでないと思うように活動できず、お客さんに提供も出来ず社会に貢献もできない。半信半疑では社会に自分の商品やサービスを提供できない、自信を持つことである。

会社は、利益を出して始めて社会に認められた事になる。それは利益をむさぼる事ではない、企業が継続して永く経営できるための適正利益である。適正利益の額は会社によって異なる。誰かが決めるものではない、会社自身が身をもって決めるものである。赤字での継続的経営は、社会的にも良くない、改善すべきであり、会社個々の問題であり社会の問題にすり替えることはできない。

◆企業は同じ目的をもって組織される

会社は同じ目標に向かって、同じ目的を持って行動する組織でありチームである。社員社長一丸となって精神的にも行動する。

社長は、会社を会社というチームの中で業績を上げ、社会に貢献するように合理的に仕組まなくてはならない。

業績と貢献は表裏一体であり、現代社会においては企業を離れてお客さんや社会に貢献することは出来ない。

会社は、ボランティアではない。ボランティアでは業績を上げることは出来ない、社会に対し成果を上げることも出来ない。ボランティアは奉仕作業である。いつの間にかボランティア的な作業になってないか点検する必要が大いにある。現代社会においてはボランティア活動は、会社経営が充実してないと成り立たない。見返りを求めないボランティアでは給与は支払えない、会社はボランティアを目的とするものではない。ボランティア活動はイメージアップとしての位置づけである。

会社は社会を構成する一員であり、社会に溶け込み、社会の中で経営活動を行う。その為には、社会における会社のイメージアップや知名度を高め、経営理念のみならず経営計画や経営戦略も必要となる。何の努力もせずに社会に受け入れられることはまずない。金儲けの人たちと映るだけである。

4 企業の目的はお客さんの要求に応えることである

◆お客さんは自分に役立つものを求めて合理的に行動する

経済学の上では、企業は利潤の追求を目的とする、と解釈されるようであるが、経営者がそれを鵜呑みにし、利益の追求のみを全面に押し出して会社経営をすると、自己中心、お客様不在の会社経営となり、いずれは社会から消えてしまう運命となる。

企業は、良い商品良いサービスを提供し、お客さんの要求要望に応えお客さんの欲求を満たしつつ、社会に根を下ろし、発展し成長していくものである。

お客さんは、自分が必要とするものや、意に叶ったものや、有益性が高いものを購入するようにできているし、合理的に行動する。

企業は最終的に、大々的な広告宣伝をしなくても、多大な経費を掛けなくても、当社の良い噂を聞いて、お客様が当社にやって来るようにすることを目標とすべきであり、そのためには、取り扱う商品やサービスの効用を高め、付加価値を高めることである。

5 企業の衰退

◆お客さんが求める商品やサービスを提供できない企業はいずれ衰退する

良い商品や良いサービスを継続して提供しきれず、お客さんの要望に応えることの出来ない企業は、遅かれ早かれ衰退する運命にある。お客さんが求める商品やサービスを提供できず、企業の都合でのみ提供できない場合も同様な結果をもたらす。

知らず知らずの内に、いつのまにか自己中心になってないか、常に自問自答し、検証する必要が大いにある。

継続して企業経営を行う為には、企業中心で提供する商品やサービスではなく、お客さんから見たニーズを中心に提供することであり、そのお客さんが我が社に期待するものは何なのか、情報の収集や研究を怠ることはできない。企業にとって情報収集や研究も重要な仕事である。

良い商品や良いサービスは、必ずしも機能性の追求性だけでなく、時間をかけずに効率よく生産し、安く提供することもお客さんの要望に叶うことの一つでもある。

◆基礎的行動規範や経営戦略ができていないことによる衰退

良い商品や良いサービスであっても、社員があいさつなどの基礎的行動規範が出来てなく、お客さんに悪い印象を与えたり、経営戦略を間違えて、押し売りなどの販売、アフターフォローの欠如、過大宣伝を繰り返し、悪い会社という印象を与えてしまうと、いくら良い商品良いサービスであっても、お客さんを大事にし、社会貢献をする、という会社としての基本理念ができてないと、衰退の目に遭ってしまう。同じ商品や同じサービスであれば、良い会社、気持

味は一流　態度は二流

ちの良い会社から購入するのがお客さんの自然の姿だからです。

飲食店、弁当店、和菓子店、お土産品店などの販売業に限らず、店員の笑顔やあいさつなどの基礎的行動も売りものである。味も商品も一流、態度は二流では、お客さんにも、お店の奥の料理人にも申し訳ない。

第2章

社長がやるべきこと

1 社長の性格も会社経営に表れる

◆成功している社長の性格

成功している社長の性格は千差万別である。それぞれの業種業態に沿った趣旨思考や行動方式を必要とするかもしれないが、成功している中小企業小企業の社長の性格は、人それぞれであり決めつけることはできない。

人柄が良いとか、面倒見が良いとか、社交的であるとか、性格が良いとか、話がうまいとか、学生時代に成績が良かったとかの条件は、会社発展のキーワードにはならない。会社発展にはあまり関係がない。関係あるとすれば、たまたまそのような性格の持ち主が会社発展の基本原則を知っており、経営者としてやるべきことを知っており、あるいは自然に行動しており、これを実践していたということである。

学生時代の成績が優秀であったことに越したことはないが、必ずしもこのことが成功する会社経営に結びつくとは限らない。成功している社長は、会社を維持発展させるために、経営の基本原則を試行錯誤しながらでも感触を得、手応えを感じながら、現実を見据え次に向けて確かに真摯に経営しているだけである。

保守的な性格の社長がいる。あまりリスクを冒さないし冒険を好まない社長である。地道に会社を経営している。月次決算も良く見ているし分析もしている。大きく売上が増えたり、大きく固定費が増えることもあまりない。次の決算の数字まで予想できている。

この会社の強みは、固定客が多く、長期的に物事を考えることができる点である。大きな資金を必要としない、自社やお客さんにとって有益であろう、小さな情報や、小さな変化、チャンスを見つけ出し、研究し分析して考え自社の事業に取り入れる。

それは新商品や新サービスの取り扱いに限らず、事業内部の効率化の為の改革であったりする。取り入れた結果、うまく行く場合もあるし、成果が表れないこともある。撤退を余儀なくされることもある。撤退の場合でも資金を掛けてない分だけ痛手も少ない。

事業拡大には拡大の、撤退には撤退のタイミングがある。その時の参考の一つとなるのが月次決算である。計画し行動し計画通りできたかどうか、結果を月次決算が写し出してくれる。現実との摺り合わせである。売上が伸びており手応えがあれば、少なくとも次の衰退期までは進むことができる。

企業の経営活動はこの繰り返しである。その長期の間に会社にノウハウが蓄積され知名度が上がり会社が発展していく。

冒険を好む博打的な社長がいる。いつも豪快である。話がでかい。いつも一番を狙っている。この社長にはカリスマ性がある。月次決算には目を通すが、売上中心である。利益にも興味がない訳ではないが、大きな売上、大きな物件を追いかける。当たれば大きい。外れると借金が残る。相談を受けても、決定した後に追認を求めるようにやって来る。資金繰りの予想を話すことが中心となる。基礎となる事業をいくつか持っており、新しい事業はやってみなければ分からないとして、結果は当たったり外れたりである。もちろん本人はその都度成功させるつもりでいる。投資物件から利益は出るが、キャッシュが伴わないことも多く、売却を繰り返す、売却理由は、残っている借金の返済や新しい物件に目を付けたときである。月次決算書の数字にも性格が表れる、資産も借金も大きい。利益や売上の波も大きい。まるで経営の拡大を楽しんでいるかのようである。

◆仕事の経験別による社長の思考方式

会社を経営するには、ある程度の経験は必要である。全く仕事の経験もなく、いきなり会社を立ち上げて会社経営を行うことを否定する訳ではないが、ある期間の会社勤務はあった方がよい。社員の気持ちが分かるからである。そこで会社の、イ、ロ、ハ、を知り、社会との関わり、人との関わりを知ることができるからである。

営業出身の社長がいる。社交的である。物腰は柔らかそうに見えるが粘り強く、決めたことは多少間違いと思っていても、その場では後に退かない。プライドが高く話の組立が上手く相手に話を伝えるのは巧いが、相手の話はあまり聞いてないようである。

技術系出身の社長がいる。メカやロボットや建築のことはよく知っているが、自分の世界で相手を当てはめる傾向がある。決めてかかることが多く、使ってみれば良さが分かると言うタイプである。

経理総務係出身の社長がいる。当然のことながら決算書の数字は綺麗であるし内容もよく知っている。知らないのはどうしたらこの数字を直せるか行動に時間が掛かることである。

以上のように各仕事の出身別の社長の特徴を観察した結果であるが、出来れば営業の経験、会社の売りモノである商品やサービスの知識、会計の知識も良く知っていることに越したことはない、パソコンだけ知っていても、人付き合いが巧くても、数字をよく知っていても一つの面である。それ以上に経営者としてのバランスが必要である。会社を社会に売り込むこと、自社の商品やサービスを磨き上げること、その結果を会計に映し出し次の手を打つ的確な戦略を築く経営力も必要となる。

◆カリスマ社長と経営力

経営に基礎をおいたカリスマ性の性格は有益であるが、経営に基礎を置かないカリスマ性はむしろ害になるだけであり、経営とはあまり関係ない。社員は、通常カリスマ社長の言うことを聞いていればよく、意見することもなく、従うだけである。その方が会社がうまく回るからである。社長のカリスマ性だけを頼りに仕事を進めていくと、会社の経営に陰りが出たとき社員から有益なアイデアが出てくるか疑問である。

一昔前の時代（平成の少し前）のことであるが、カリスマ性をもった人物が、特に建設業で会社を立ち上げ経営者になるケースも少なくなかった。グループのリーダー的な存在であり、人を集めたり組織を作ることは長けていたが、経営力はあまりなかった。月次決算を見せて利益率が悪いと話しても、現場とは関係ないと言って見ようともしなかった。仕事もドンドン入り、銀行もドンドン資金を融資してくれた時代でもある。そのうち銀行が融資を引き締めて来た。経営力がなく、利益の留保ができてなかった会社の多くは、閉鎖倒産せざるを得なかった。閉鎖した会社の多くは、資金が自己資金で回っているのか借入金で回っているのか、区別できず、結果借入金で回っていた会社である。

そのときの時代から長く続いている会社ももちろんある。その差はカリスマ社長がいたかどうかでなく、社長が経営の基本を知っており、経営が安定し自己資本比率が高かった会社である。

◆会社経営のリーダーシップは努力しないと身に着かない

会社経営にカリスマ性は必要なくても、リーダーシップは必要である。リーダーシップは性格には依存しない。カリスマ性や営業力にも人の良さにも依存しない。リーダーシップは、会社をまとめ目標に向かって行動するために、養わなければならないものであり、経営発展の手段である。

会社は経営方針を作成し経営計画を立て目標を定めて、それに向かって行動していかなければならない。目標の遂行には妥協も挫折もあるかもしれない、それを立て直し、会社や社員に方向性を示し、目標に向かわすためにもリーダーシップは必要であり、会社を発展させ社員の生活を守るための責任もある。避けることのできない重い責任である。

その為には、会社として一つの組織としてチームを形成し、意志の統一を図るためマニュアルや指図書を作成し、同じ目標に向かう思考と行動を一致させなければならない。完全に一致させることは不可能かもしれないが、従わざるを得ない状況、できれば自然につき従う状況を作り出すことである。その為には間違った目標を設定しないことである。目標は会社の発展に照準を合わさないといけない。

若くして会社を引き継いだ場合、自分より経験豊富な社員が会社に在籍している場合がある、反対の意見や別の意見を持っていたりして扱いづらい場合もあるが、先代の決めた目標に沿っているだけなのか、どのような意見なのか充分に汲み取る必要がある。会社の方針や計画あるいは目標に沿っているか、現目標にどのような影響を与えるか、お客さんや会社にとって有益なのか、の面から検討する必要がある。そもそものような意見は、先代の時代の会社の方針、計画、目標を引き継ぐ段階で検討するものである。計画や目標の見直しは、経営者一人の独断で作成するものでなく、全社員を巻き込まないと実行性ある経営方針は作成できない。そこからのリーダーシップである。カリスマ性は持って生まれたものであるが、会社経営の為のリーダーシップは努力しないと身につかない。

先輩社員の行動や考え方が、奇異に見えるときもある。そこは話を聞いたり、観察することである。自分の枠を超えた、本人の経験に基づくあるいは先代からの何かがあるはずである。そこを見つけ出すのである。

◆社員は社長を映す鏡、社員の失敗は自分の失敗

会社が、社長以上に大きくならないように、社員も社長以上に大きくならない。もし社長以上に大きくなりたい社員、意識の高い社員であれば、会社を辞めてしまうことに

なりかねない。社長業は、日々努力である。

社員がミスをしたり失敗したりした場合、頭から叱りつけるのでなく、自分に言い聞かせるように話すことである。社員は社長を真似ているか、社長の意図を汲んで行動しているだけのことも多い。

社員は社長を真似る。よく言われることである。マナー研修を受けた社員であっても、社長が横暴な言葉遣いだとその態度は社員にも現れ、社員も横暴な言葉使いが許されると思ってしまう。社長が率先して挨拶しないと社員もしない。当然のことである。簡単なことではあるが、挨拶することを決めて、挨拶の訓練をしないと、挨拶は身につかない。

◆社会的活動は会社の発展に寄与する見地から引き受けることとする

仕事が安定せず軌道に乗るまでは、仕事に直接関係のないボランティアの会や地域の業者会等の役員は引き受けない方がよい。分かっていても人のいい社長は引き受けてしまう。役員の仕事で忙しくて会社を省みないと、気がついたら大変なことなっていたということも間々あることである。仕事に使える時間がその分削られるからである、当然である。せめて役員ではなく参加が制限されない一般会員程度に抑えていた方がよい。役員を引き受けるのは会社が安定してからにしたい。同業者や異業者の会に入って情報収集や人脈を広げることは決して悪いことではない。経営に悪影響を与えないようにプラスになるような付き合いをするようにしたい。役員を引き受けることにより会社が発展するのであれば、それはボランティアではなく経営の一手段ともいえる。

同業者との会合は時には楽しいものである。同じ悩みや、新商品新技術の話など、大まかな共通の話題も多いが、時にはライバルにもなり、大いに勉強にもなる。異業者との話は、他の業界の話が聞けて大いに参考になる。相手の専門用語が出てくると理解できないことも多々あるが、そこは一所懸命聞き耳を立て聞くことであり、聞き上手になることである。その話の中に自社の会社の経営に取り入れるヒントがないかである。また相手の話をよく聞くことにより信頼も高まることにもなる。決して自分の物差しで相手を判断したり、話の骨を折らないことである。

若いときの失敗は、将来の糧になるものであり無駄にしないことである。若い経営者は、好奇心も強く、他の業者からの売り込みや誘惑も多い。本当に当社にとって必要なのか、方針にあったツールなのか、売り込み業者の営業トークに惑わされないことである。そのためには自分の経営の基礎をしっかり位置づけすると共に、自社の将来性とも合致するものなのか検証してからでも遅くはない。失敗しても他人のせいではない。売り込み業者以上に自分の知識や能力を高めることである。

2　社長の仕事は会社を継続発展させること

◆社長の仕事は会社を継続させること

社長の仕事は第一に会社を継続発展させることである。そのためには利益を上げないと会社は継続しない。利益は飽くまでも良い仕事をした結果であり、その利益のみの追求を目的にすると、経営がおかしくなる。利益は良い仕事を行なった結果であり、間違った仕事や偶然の結果ではない、一時的に利益が計上されるかもしれないが、継続して計上されることはまずありえない。

会社を長期的に存続させるためには、継続的に利益を算出し、決算書に利益の留保が多額にあることが条件である。そのことにより自己資本比率も高くなり、会社も強固なものになっていく。発展している会社は、自己資本比率も高い水準にあり、自己資本比率が長期的にマイナスであれば発展するということはまず有り得ない。

社内に留保された利益は、会社継続のための投資に使うことを優先します。会社継続のための投資とは、競争優位に立つための、価格競争、営業活動、社員教育などへの投資です。

経営者は、その時その時の短期的な、現場の視点でだけでなく、長期的な将来の視点に立って物事を見ることも必要です。

◆社長の仕事は社外の変化を感じ取ること

会社発展のヒントは、当社を取り巻く業界や社会やお客さんの中にある。そのヒントとなった情報が本物であるかどうか、変化の時期は何時《いつ》ぐらいから始まるか、その時当社はどう対応するのか、技術的に対応できるのか、将来的に市場が広がっていくのか検討することである。中小企業小企業は、将来の当社に関係ある変化を感じ取ったら、社会が変化する前にいち早く感じ取り対策を立て手遅れにならないように手を打つ必要がある。

情報の収集力も重要である。現時点では当社に影響を及ぼしていない、外部の技術革新や、新しい商品やサービスの進出が、今後自社にどのように関わってくるか、今のうちに取り込んだ方がよいのか、特に必要ないのかの判断も必要となる。著しく変化する時代の中で自社に関わる情報の収集力の差が、今後の経営を左右することにもなりかねない。

企業は、自社が所有する商品サービスを通して社会に暮らしやすさを提供するのであり、お客さんの平穏、満足、利便性、安心を提供し、顧客に貢献するものである。その為には、会社の商品やサービスを買ってくれるお客さんであるターゲットとその波及先をしっかり掴んでおかなければならない。社会の変化に応えることは、お客さんに時代にあった商品やサービスを提供することであり、そのことがお客さんの信頼に応えることになる。

◆社長の仕事は業績を上げること

社長の立場にあるものは、会社の経営活動に、成果または結果を出さなければならない使命を負っている。社会に対して有用なものを提供し、企業に対しては利益をもたらさなければならないという責務を負っている。

その為にはチーム力を上げ、働く人の強みを活かし、高い業績が上げられるように個性を尊重し、個性にあった貢献を尊重することにより、社員は最も高い業績を上げることができる。社員は得意技を磨き、仕事力を上げ、社員も会社も社会の中の一員であることを自覚し、当社が良くなることは、社会も良くなり相乗効果を生むことになることを認識する必要がある。会社はお客さんや社会のニーズに応えることによって成り立つ、社会に役立つ会社のみが評価されるのである。

会社が社会に役立つために、活用するのは人、物、金、時間、情報、知識である。これらを活用して次のことを実行するのである。

・自社の存在を社会に知らせる活動として、地道に時代の流れを見ながら時間を掛け良い経営活動をし、知名度を上げていく。
・同業者が今までやらなかった自社の業務に関する仕事を見つけ出す。
・自分の力で発展しているのか外部の環境で発展しているのかを見極めて、時代の流れに乗る仕事に変えていく。

◆社長の仕事は経営方針・経営理念を策定すること

企業経営において経営方針の策定は、主に次の３つの段階に分けられる。１つ目は経営理念である。２つ目は経営基本方針である。３つ目は経営計画である。さらに経営計画は経営戦略と経営戦術に分けられるが、この区切りや体系は何らかのルールで統一されているものではない。

経営理念は、会社をまとめ社員を一つの方向へ向かわす為に、欠かすことができない会社の憲法であり、経営基本方針は会社の法律である。これらの決まり事がないと社員が好きなように活動し、会社にチームワークも生まれず、会社の業績も思うように上がらない。

社長がリーダーシップを発揮し、会社を発展継続させるためにも経営方針・経営理念は重要な役割を果たす。

経営基本方針や経営戦略は、時代の流れや社会の変化、技術の革新や進化に対応しつつ変化せざる得ないものであり、現代社会の時代の流れは早い、一昔前までは10年サイクルと言われていたが、今や5年あるいは3年サイクルあるいは業種によっては2年サイクルである。企業はその都度新しい知識を取り入れなければならない。さもなくば時代に取り残されることになる。さらに経営方針は、絵に描いた餅になってしまわないためにも、会社の事業によって、目的に沿って策定されなければならない。

社長が細かく社員に指示を出し、叱咤激励する時代は終わっており、常に新しい商品、技術が出現しており、人の価値観も多様化している。むしろ若い社員の方が新しい方法やパソコンや機械の操作、情報の収集方法や新技術を身につけている場合も多く、ある部分では、社員に任せた方がうまくいくことも多々ある。その為にも社員をまとめる経営方針や組織力（チームワーク）が重要となってくるのである。若い社員の欠点は、それを経営に取り入れる技術が低いこと、自分の中で消化してしまうことである。

◆社長の仕事は良い社風を創ること

経営方針が明確でない会社の社風は、経営者の行動や考え方、さらには言動によって作られる。何となく横のつながりが薄く暗い会社、コミュニケーションや意思の疎通や風通しの悪い会社、残業が常態化している会社、言われたことだけの仕事をやる会社や目の前にある仕事のみをこなし、新しい仕事を嫌がる会社、これらは社風であり知らず知らずのうちに、社員なりに都合がいいように解釈し、誤解し、経営者の考えと懸け離れ、暗黙のうちに社風（企業風土）が作られていく。

経営者から見ると社風は、社員一人ひとりの性格や行動によって作られるように見えるが、そうではない。社風は与えられた仕事を通して形成されていく。

良い社風は、経営方針に基づいて作られる。経営方針がないと、社長の性格や行動を見様見真似で自分なりの解釈で、自分の都合のいいように何となく作り上げてしまう。

経営方針のある会社は、目標や決められた経営戦略を意識し行動し成果を出そうと努力することが社風となるが、経営方針のない会社は、適当にナアナアとなって現れ一生懸命に頑張る人までも適当仲間に誘い込まれてしまうことが社風となってしまう。

普通人は、経営方針が有る無しに関わらず仕事を頑張ろうとするが、周りが誰も頑張ってなければ頑張れる訳がない。これも社風である。自分の頑張りが評価されないと、他の人の頑張りが奇妙に映ってしまい、やがてその人も頑張りを失ってしまう。

経営方針があると、働く目的も分かってくるし、仕事へのやり甲斐も出て来る。周りの人以上に頑張ろうとする。更にお客さんや社会へ貢献することが、会社の発展の基礎であること、給与はその見返りであることも分かってくる。もちろん社長との意思疎通も重要であることも分かってくる。経営方針の策定は、良い社風を作り上げるには欠かせない道具でもある。

社風の良い会社は人を引き付け、人が働きやすい雰囲気を持っている。社員は会社というチームの中で仕事をし、1日の3分の1は仕事の中で生活をする。その中で社会人としての人格も形成される。社風は生活の一部でもある。高い業績を上げる為にも良い社風は欠かせない。

◆社長の仕事は適正利益を上げること

会社経営における利益は、目的ではなく、あくまでも結果であり、最終到達点ではなく、目的に向かう通過点なのです。良い経営活動の結果であり、会社に残るはずの財産なのです。

利益は、付加価値のある商品やサービスを提供した見返りの結果であるのです。利益

寄り道

人は個性でできている

　良い社風は個性を尊重する気持ちから始まる。色々な性格の人がいる。色々なこだわりを持つ者がいる。会社の打上げとか反省会と称して、居酒屋に行くことがある。その居酒屋で最初に注文するするのは、もちろんビールあるいはソフトドリンクであるが、次注文する一品が面白い、本人の個性や生い立ちが表れるのである。唐揚げであったり、ピザであったり、ソーセージの盛り合わせであったり、いきなりデザートであったりする。否定はしない。話題にするだけであり人それぞれの生い立ちがある。子供の頃のピクニック弁当のおかずの唐揚げがとても美味しかったとか、子供の頃の家業が鮮魚屋さんで刺身ばかり食べててピザをあまり食べたことがなかったとか、同じようなことが仕事のどこかに表れる。そこは本人の特性として仕事に活かすことである。

を最終目的と位置づけると、会社は価値以上に売値を高く設定したり、仕入れ費や材料費を安く買いたたくようになり、社員への給与の支払も低賃金が基本となってしまう。

利益を最終目的とすると、これらのことが常態化し正当化され、社員も疲れ果ててしまい、企業の存在価値である社会貢献などできるはずもない。

利益は確かに必要です。適正利益です。最低限必要な利益を設定し、これを目標とし経費を効率化し、最低限必要な売上高を設定して営業活動すべきなのです。

利益は、給与の支払や、企業の継続の為にもなくてはならないものであります。また利益を剰余金として積み立てることにより将来のリスクに備えることもでき、将来の投資の原資にも使えるものなのです。

企業には様々なリスクがつきものです。経営者の意図しないところで発生する。盗難、交通事故などの物的リスク、社員の突然の退職などの人的リスク、病気などの精神的身体的リスク、いつ降り掛かってくるか予想もつかない、その為の利益の留保でもある。

3 社長の仕事は意思決定すること

◆経営における意思決定

事業の進退を左右する経営の意思決定は、社長だけに与えられた権利であり、何よりも優先されるべきものです。

経営者は、経営者でなくてもできる現場に関する意思決定については、社員に任せることである。経営者は、現在の仕事以外に他に存在するであろう有益な新しいチャレンジ的な仕事の先駆けや、会社の舵取りなどに関する経営の仕事に目を向け、没頭し意思決定すべきなのです。

新規事業や追加事業などを開始するときは、これらの新規事業の解明と事業の方向性、市場からの需要があるかどうか、新規事業に圧倒的成功の見込みがなければ、社長だけの判断で決定するのでなく、他の幹部社員の情報力も知恵も借り分析する必要がある。その上での意思決定です。最終的な意思決定は経営者であり、社員の意思はあくまで参考であることも忘れてはいけない。

創業時なら規模も小さく経費も小さく社会的影響力も小さく、社長の力量のみで乗り切ることもできるかもしれないが、会社が地域社会に根を張り、社会に多少なりとも影響を及ぼすようになると、現場に近い社員も重要な情報源として位置づけその役割が求められることになる。

新規事業を取り込んだり、新しく事業を追加したりした場合の失敗の原因に、販売方法や宣伝方法の未熟、特許権の存在、産業規制の存在、人員増加に伴う社会保険などの軽視による負担増の存在があり、これらを無視して意思決定はできない。

このような問題を早期に見つけ対処するには、常に企業内部に、問題点を見つけたら報告、検討する体制を築いておくことが必要となる。意外と社員の中にその部分だけに強い者がいたりするものである。会社が小さい間は、社長の頭の中に構想として、問題点解決コーナーを設けることが出来るかもしれないが、通常は忙しさに追われすぐ忘れるのでメモを兼ねたマニュアルを作成しておくとよい。

現場での急を要する意思決定は、現場の担当に任せることであり、意思決定の基準についても、会社の方針に従うルールを確立することである。会社全体に係る意思決定は、経営者が行い、その結果を会議の議題の一つとして全体に通知し共有することである。

◆不要業務の廃止

不要業務を廃止したり、仕事の内容を変えたり、何かを決めたり、伝えたりして、情報を全社員と共有したりする必要があるときは、手順表や記録などの会議録を残し、再度社員へ回覧することとする。

意思決定の結果、不要となった仕事や、業績の上がらなくなった仕事を終了させる為には、経営者自らの行動で示さない限り、状況は何も変わらない。今まで通りの仕事や手順で物事は進んでしまう。今まで通りの日常業務に追われるだけである。不要業務の廃止は経営者の決断と実行力である。社員自ら仕事を止めることは出来ないのである。

どんなにすぐれた企業といえども、経営者一人で情報収集することは難しい。情報収集の仕組みは大切である。情報収集は、社長としての将来を見据えた情報収集と、社員が行うお客さんと接する現場からの情報収集がある。社長の情報収集は社外からのものであり将来を見据えたものが中心となる。現場からの情報も将来を左右するものも有り得るので疎かには出来ない。今まで売り物としていた商品やサービスが、徐々に他の安くて新しいものや代替品に移ってないか、現場からの情報が経営者に迅速に伝わるような仕組みづくりは必要である

我が社が、取り扱っているものや、提供出来るものが、社会の需要、動向に沿っているか、いま社会が欲しているもの、必要としているものを我が社が提供しているもので埋めることが出来るか、を全社員を巻き込んで大いに議論する必要がある

もし、現在取り扱う商品やサービスが、社会の需要に応えることが出来ないものや新しいものが出る気配があったり、社会とずれているものであれば、早急に改善し、あるいは取り扱いを中止するか、代替品やサービスの提供方法を変更しなければならない。

現在取り扱っている商品やサービスは、いずれ必ず時間と共に陳腐化し時代に合わなくなることを常に肝に銘じ、次に来る自社の業界の流れにアンテナを張っておく必要が

ある。

経営者が、朝、目にするのは新聞である。中心的に読むのは経済面である。経済面には地元沖縄の企業紹介や地場産業、地元に昔から存在する自然物を使った商品開発の記事など、我が社の経営のヒントになるものはないか盛り沢山である。業界紙も大事である。当社が属する業界の関心事は何か、どのような新商品が出てきたか、将来どう変わると予想されているかなど、興味深い記事も沢山ある。２紙ぐらいは購読した方がよい。中央から離れ遠い沖縄、業界紙も大きな情報源である。情報は自ら収集し理解し発信しないと良い情報は入ってこない。

◆原価や経費のコストはいずれ売値に反映される

お客さんの要望に応えられる商品やサービスや工事の受注であっても、原価や経費が掛かりすぎるのであれば、原価や経費にメスを入れなければならない、どのようにして安く仕上げるかの判断をしなければならない。お客さんは高い商品やサービスを望んでいるのではなく、常に安くて良いものを要求してくる。

社長は商品やサービスの売り値を決定する必要がある。他社に比べ本当に値段が高い商品サービスなのか、他社の商品やサービスと比較し、市場を調査し、我が社の財政状態と照らし、妥当なあるいは戦略的な値段を設定しなければならない。売り値が高すぎて売れないと、会社の財政を圧迫するし、あまり安く売ってコスト割れをおこすと、利益が確保できず同じように会社の財政を圧迫する。売り値の決定は経営者の高度の意思判断を必要とする。

多く売ることを見込んで、あるいは受注することだけに力を入れすぎて、安く売ることや安く受注することを安易に考えないことである。その商品やサービスや受注する仕事に要したコストや、我が社の財務状態を見ながら設定する。財務状態が良好だと、安く売りたい商品は、安く設定出来るし、高く売りたい商品は高く設定できる。財務状態が良好だと多少の失敗は取り戻せるからである。相対的に値段を安くして高く売るよりも数をこなし、より利益が確保されるのであれば、それも戦略である。

◆月次決算と経営の摺り合わせ

意思決定に欠かせないのは毎月の月次決算である。月次決算は分析対比することにより、どの程度のスピードで売上が増えているか、粗利益率の大きさや、当社の強みは数字に表れているか、数字で教えてくれる。常に経営を数字でつかまえることは、経営の意思決定に欠かせない。

4 社長の仕事は会社の方針に合った社員を採用すること

◆人の採用はその人の特性や適性が当社で活躍できるかを考慮する

人の採用は、慎重を期する必要がある。会社の仕事を理解している人や、創業時の小規模の時期には最良の方法ではないが、波長が合い給与等の条件が合う人を採用することも良い。多少会社が大きくなれば、採用条件を上げ、仕事の経験があるかどうか等を中心にしての採用となるが、人は元々多種多様であり、その多種多様な性格を持つ人の採用である。経営者は、会社をまとめる能力の一つであるリーダーシップを身に付ける必要もある。

採用してすぐに辞められても困るので、とことん仕事の内容や、やってもらいたい仕事や、期待することを話し、相手の希望する仕事や得意とする分野を聞いて、採用するかどうするかを決めることである。とにかく仕事の内容を詳しく説明するのである。そのやってもらいたい仕事の一つの中に、自分に向かない仕事を含んでいたりするからである。応募してきた相手にも職業選択の自由がある、自分に向かないと思ったら断ってくるはずである。ナアナアで採用して、当社に不適正の人を採用しても相手も困るし、すぐに辞められても困る。バイト感覚で応募されても困るのである。

人材採用の最大のミスは、本人の特性や仕事に対する適性を見いだせなかったことによるミスである。

◆会社は人が仕事を求めている以上に人を必要とする

社員を採用するときは、その人は、我が社を理解し仕事を理解した上で、我が社に入社することを希望としているか？　その人は、我が社が必要としている人材か、我が社で業績を上げることができる人材か？　他の社員とチームを組めることができるかを考え優先することである。自分と相性が合わなくても、仕事の中で業績を残し貢献できることを優先することである。採用の基準は、経営方針に賛同できることと、我が社の仕事を心から希望し、我が社の仕事に順応できる人であればなお良い。他人との相性は仕事の成果を通して解消できるものである。
違うことは、当社の仕事に不得意な人や、希望を持つことができない人を採用しないことである。本人には他に適した仕事があるはずである。

人は仕事を必要として生活の糧を得る。人は仕事を通して社会人として成長していく。これは間違いのないことであるが、人が仕事を必要とする以上に、会社は人を必要としているのであり、企業に企業としての魅力がないと、高い人材の採用は難しいことになる。

人を採用しても、その人の人生までも求めることはできないし、人生の最後まで責任を取れるものでもないから、仕事に人生を尽くせというのは理に合わない。本人の人生であり、退職や転職も自由である。

一般の社員優秀な社員に限らず社員教育は欠かせない

仕事を任せられるようになるには、社員教育は欠かせない。責任感のある人、能力のある人は、居残ってでも、試行錯誤しながらでも、仕事をなしとげつつ、いつのまにか一定のレベルに達する。だからといって社員教育が不要ということではない。

一般の社員、優秀な社員に限らず、社員教育は欠かせない、業務マニュアルまたは業務手順書等名称の如何に係わらず行動基準書は欠かせない。そうしないと社員教育によりレベルアップしても、社員それぞれの個別行動となり効率が悪くなる。

採用後しばらくしてやって来るのが、社員に仕事を任せることであり、権限の委譲である。優秀な人ほど、チャレンジ精神が旺盛で、リスクのある新しい技術や新しい仕事に取り組みミスを起こす。間違いや失敗をしない人は、現状維持が多く、チャレンジ精神が低いことが多い。その為チャレンジした社員の仕事のミスを過大にマイナス評価すると、会社全体が事なかれ主義になり、停滞してしまう。仕事の効率を良くする工夫や仕事のレベルをアップさせる為には、チャレンジして試してみることも必要なのです。

山本五十六の語録の中に「やって見せ、言って聞かせて、させてみて、褒めてやらねば、人は動かじ」「話し合い、耳を傾け承認し、任せてやらねば人は育たず」という名言がある。

◆人には長所や得意とする点や強みがある

社員に業績を上げさせる為には、その社員の長所や得意とする点に着目することである。その人の短所や悪点を探し出すのでなく、長所を早く捉え、仕事に応用し活用することである。仕事においては、長所あるいはその人から自然と出てくる強みを本人の行動の中から見つけ出し、短所は無理に直さないことである。短所は普通直せない。その人の個性として捉えた方がよい。会社のチームワークや会社に悪い影響を与えない限り必ずしも直す必要はない。短所やコンプレックスを直そうとすると長所も薄くなりがちだからである。

長所を伸ばすことで、短所は充分にカバーできる。人間には裏の面があるから表の面が生きるのである。

どんなに頭が良くても、その人がイヤなこと不得意なことをやらせても成果は上がらない。仕事の成果を大きく上げる人は、やはりこの仕事が好きであり、やっているうちに好きになり、この方法が自分に合っているかどうかである。もしセールスや話し好きな人が、人とほとんど話すことを要しない技術畑の仕事をしても大きな成果は得られにくい。逆に技術畑の人にセールスをさせてもストレスを負うだけである。同じ営業同じ技術畑の中であっても同じことがいえる。

人を使うときは、得意な分野、あるいはその人が得意とする方法でルールや手順書の範囲内で任せることであり、不得意な分野に配置したり、得意としない方法を強制しても成果は上がらない。

少し異様に見える場合もあるが話を聞くと納得することも多い。左利きを右利きに変えるのは無理である。営業の得意な社員に経理をさせても期待通りの業績はあまり得られない。同じ事務系でも医療事務ができるからといって経理事務も得意とは限らない。

業績を上げている得意とする方法で、さらにうまくいくようにすることが企業としては得策である。いやがる仕事や得意としない仕事を与えても業績は上がらない。時間を掛けて教えるにも限度がある。仕事にはスピードも大事である。

人は納得しないと思うように動けない。決め事やルールに従って行動するにしてもしばらくすると忘れてしまう。そこには、どうしてこのような決め事やルールがあるのか納得を要する。納得し理解すると行動は早い。

◆コミュニケーションの良い社風にする

売上げ不振や社風（経営環境）を良くしようとして、高額なコンサル料を支払いコンサルタントに経営を診断してもらい調査報告書を現場の社員に知らせると、報酬の割には改善策がありふれたものであったり、既に実践しているものであったりして落胆する事もあるようである。既に現場では問題点を抽出していたが社長の耳に届いてなかった件もあり、ハードルの高い的外れな解決策を提案される場合もあるようである。

挙げ句の果てに現場の社員から高いコンサル料を支払うより給料を上げろと皮肉の声が聞こえてきそうである。また社員を解雇すると支払っている給料の分利益が上がる、と大まじめに提案するコンサルもいるようであるが、経営は数字のパズルではない。売上を伸ばす戦略や活動の効率化に力を入れるべきである。解雇は会社の存続に関わる最後の問題であり最後の手段である。

もっと現場の意見を取り入れ、社員とのコミュニケーションを図り対策を練り売上を伸ばす工夫はないか、行動計画を深く実行することで解決出来ないか、常に検討する必要がある。良いコミュニケーションは、会社の発展を常に願う基本姿勢がベースとしてある。

寄り道

天才とは99%の努力である

天才といわれる人や高い業績を上げた人は、自分が好きなことに没頭出来たからこそ、自分のペースで行動できたからこそ、成功したのであって、イヤなことをやって成功できた訳ではない。本人にとっては、何時間集中しても疲れることがなかったから成功したのである。

第3章

経営方針

1 経営方針の策定

◆経営方針は良い会社を創る為には欠かせない

企業には、経営方針がある。文章化されてなくても、公表されてなくても、社長の頭の中に何らかの形で必ずある。経営方針がないと企業は企業として回らないし、組織として活動しえない。経営方針のない会社は、烏合の衆と同じになり、会社として存在すること事態が不可能となる。何の目的のために組織され、どのような思考でどのような行動をとるのか方針が必要である。良い会社を作る為にも経営方針は欠かせない。

経営方針は、経営理念、経営基本方針、経営計画、経営戦略の4つに大きく区分される。名称は企業により異なってもいいが、経営理念の考え方は、表現はどうあれその内容は企業の存続に関するものであり、簡単には変えられるものではない。その策定は長期的に会社の将来を左右する。経営理念は、会社の存続に係わるものである。

経営基本方針の策定は、当社の取り扱う商品やサービスの提供に対し、お客さんを中心に据え、あるいはお客さん第一主義として策定するものであり、その策定には最大の熟慮を要する。この方針をコロコロ変えると、会社の道筋が分からなくなり、チームとしての機能も落ちてしまうことになる。

経営計画、経営戦略は、時代の流れにより、あるいは会社が大きくなったり、経営環境や生活環境などの外部社会の変化により変化するものであるが、変わってはいけないのは「現在のお客さんや将来のお客さんに対し最適のニーズに応える」ということである。このことを常にこの経営方針の真ん中に持ってくるということを忘れてはいけない。環境の変化やお客さんのニーズを把握し、それに経営方針を合わせていくということは、企業にとって不変である。

お客さんからの需要やニーズがなくなれば、取り扱う商品やサービスを変えないといけないし、場合によっては事業を変えないといけない、それに伴い経営方針も変えることになる。変えないと取り残されるだけである。

多くのお客さんや人々は、現在与えられているものだけでは、生活や環境に満足しない。もっと便利なもの、もっと楽できるもの、もっと愉しいもの、もっと美味しいものを求めてくる。それが企業を発展させ、生活を豊かにしていく原動力でもある。企業にとってこの「もっともっと」を、自社の業務の中でどう聞き分けてどう取り入れるかである。

企業にとって、お客さんや市場にまだ届いていない、あるいは生産性を高めるであろう高性能新製品や新しい機械、お客さんにとって便利になるであろう、あるいはこれから流行るであろう新商品やサービスの情報を早くつかみ、早め早めの手を打って活用できる体制を組むことである。

溢れ出る経営情報の中で、当社に関係あるもの、関係ないもの、得意とするものをどう選び出し、どう選り分けるかも問われる時代である。全部が全部取り込める訳でもなく当社が得意とするもの、少しの方向転換で難なく使えるもの、将来性が長いものを選択する目も経営者として身につけたい。

・経営方針は必ず成文化する

経営方針は文章化し全社員と共有しないと機能しない。経営方針を文章化せず、社長の頭にあるということは社員の頭のなかに同床異夢としてあることである。

同床異夢としてあることは、怖いことである。例えば、会社を大きくするという経営方針は、社長の頭の中では、売上を伸ばすことであったりするが、社員の頭の中では、給与を上げることであったりする。これはいずれどこかで衝突することになる。売上は社員の給与を始めとする待遇が良くないと伸びないし、給与も相当の売上があって初めて上乗せ出来るものである。このことを売上と給与の相関関係を方針として明示しないといくら努力しても報われないとして社員も仕事に集中できない、売上も伸びない。

出来るだけ「楽して愉しく利益を上げる」を目指すのも一つの理想型である。もちろんそのベースにはお客様に対する貢献がある

◆経営理念を策定する

経営理念は、成文化することにより、多忙な日々の中で忘れかける企業の存在意義を改めて見直す機会を与えてくれる。

経営理念は、経営者自ら考える。どういう仕事をやるのか、どういう方法で経営を進めていくのか、どのような社員を採用し、どのような組織にするのか、将来どのような会社にしたいのか？　を描いて成文化する。稼業の程度で終わるならともかく、これをやらないと会社としての成功は望めない。

企業理念の骨子の第一は、お客さんや地域社会への貢献であり、お客さんや地域社会へ良い影響を与えることである。第二はお客さんへ提供する商品やサービスの卓越性の追求である。第三は社員の自己実現の場であり年と共に成長する過程である。

良い経営理念は、会社の方針が一目で浮かんでくる。迷ったときの羅針盤であり、同じ方向に向う。結束するチームワークの形成にも役立つ。良い会社には良い羅針盤がある。

寄り道

サービスは心遣いの提供である

ある愛犬家が、愛犬のチョコを動物専用の美容院にトリーミングに出したのであるが、その後が大変だった。トリーミングが終わった頃に引き取りに行ったのであるが、その愛犬のチョコは、なんと外に出されて震えていたとのことである。沖縄とはいえ２月のとても寒い日にである。

お店の人に抗議したら、他の犬にしつこく吠えるので仕方なく外に出したとのことであったが、その愛犬家にとって犬は家族であり生活をしていく上でとても癒される、とても可愛がって大事にしているとのことである。

美容院もただ犬をトリーミングするのでなく、その後にある家族と楽しく過ごしている背景を想像しながら犬に接すべきであり、事業として成功するためには、その愛犬家の事例に限らず、裏にある生活の時間や空間を想像していただきたい、ただトリーミングをして犬をきれいにするだけでは事業は発展しない。事業に心を入れ込むことができるかどうかが、事業が発展するか、しないかの分かれ道である。

経営理念の形はいろいろあり、直接表現される場合もあるし、間接的に表現される場合もある。「短く分かりやすく我が社を表現する」ことである。良い経営理念は、生きと働く社員の姿が目に見えるようである。

（例えば次のような例がある。インターネットより抜粋）

一、経営は心である

二、商いを通じて社会に貢献する

三、仕事を通じて人を作る

（例えばあるラーメン屋さん）

一、美味しいラーメンを丁寧に真心込めて提供します。

二、大きな夢に向かって航海し、進化し続けます。

三、お客様に感謝の心を持ち、「おもてなしの心」に努めます。

◆経営基本方針を明確にする

経営基本方針は、今のお客さんが必要としているものや将来のお客さんが必要としているもの望んでいるもの、将来的に必要とされる商品やサービスを中心に策定します。主役はあくまでも外部のお客さんです。間違っても我が社ではありません。当社が取り扱っている商品やサービスは、より優れたものであり、より優れた方法で提供しているかを考え文章化します。

経営基本方針は、経営の本質である方向性を示し、それを文章化し常に企業外部の社会に目を向け点検し確認する必要があります。経営基本方針は常に外向きであり、お客さんに提供する商品やサービスが中心になります。利益は外部からやってくるのであり、企業内部からは利益は発生せず、外部に対し商品やサービスを提供し対価を受け取ったときにやってくるのである。企業内部にあるのはコストだけであり、企業内部で必要とされるのは最高の商品やサービスを最高の形で提供するという経営の心構えです。

経営基本方針の策定は、既存のお客さんが、あるいはこれからお客さんになるであろう人々が、我が社に何を求めているのか？　我が社に何を望んでいるのか？　そのことに焦点を当てる必要があります。

当社が提供できる商品サービスは、今のままでいいのか？　改善点はないか？　当社の組織体制は、お客さんや社会に受け入れられているか？　時代に合っているか？　時代と共にお客さんや社会と共に歩んでいるか？　常に点検し、お客さんに問い反応を見る必要がある。そうしないと社会から懸け離れ近い将来取り残されることになってしまうからです。

例えば、携帯電話から黒電話に戻ることはあり得ない。携帯電話の便利性、機能性を手にした人は黒電話に戻ることはない。更にスマートフォンなどの電話付きインターネットを手にした若い人は、携帯電話に戻るとは思えないが、一昔前の携帯電話に慣れ親しみ使いやすい点から需要もまだまだ残っていることも確かである。我が社の経営の方針はどこに置くのか、経営が成り立つのか、経営戦略として的を射ているか、誰を何をターゲットにするのか、それは何時までか？　経営基本方針を立てる場合、社会環境を充分に検討する必要がある。

携帯電話の例に限らず、我が社のターゲットとする市場は、将来性のある市場であり、かつ現に需要のある市場であるか？　常に問い続ける必要がある。

技術の変化の激しい現代社会においては将来を見通すのは容易いことではない。今現に行っている事業の将来を予測し、必要とするのであれば新技術や新資格、効率の良い機械を導入し、コストの削減や売上の拡大を図ることも必要であろうし、将来性がなければ撤退も視野に入れなければならない。

経営方針には、時代の流れを読む努力が必要である。自社に適合した情報の取捨選択である。溢れる情報の中で自社に使える情報は、僅かでありその選択には時間もかかる。情報源は新聞の経済面、業界紙、政府や役所からの情報と多種多彩である。

寄り道

ブームの次にやって来るもの

数年前、国からの推進もあり、太陽光パネル設置業者が、花盛りであった。太陽光により発電された電気が高く買い取られ、さらに税制の優遇措置も受けられることもあり多くの家庭やアパートの屋上に太陽光パネルが設置され、設置業者は大いに繁盛した。いち早く太陽光の情報を知り、導入期に早めに手を打った業者と、衰退期に参入してきた業者との差は大きい。その後市場も飽和状態となり、電気の買取料金も引き下げられ、税制の優遇も縮小されるにつれ需要は減少し、それに伴い設置する業者も減少していった。

これからの需要は、太陽光パネルのメンテナンスである。沖縄は太陽の日差しも強いが台風も多い。永久に故障しないという保証は何処にもない。

2　経営目標を策定する

◆経営目標は長期戦である

　経営方針は、企業が目的を達成するための、経営理念であり、経営基本方針であり、経営計画である。それは信念である。我が社の商品やサービスは、お客さんや社会に役立つという強い信念である。

　経営目標は長期戦である、経営目的を達成するための長い戦いである。会社は長く続くことによって、知名度が上がり認知される。それにより自然とお客さんが増えてくる。固定客は、会社が長く続くことに起因する、新規のお客さんもいつの間にか、目にして耳にしてやって来る。企業は長く続けることにより意義を見いだす経営理念は、地域社会の発展の構築に寄与し、お客さんの生活の繁栄に寄与することや、社員の働き甲斐や働く喜びなど、自己実現の後押しに貢献するように社長自ら考え策定する。会社が社会貢献し長期繁栄の基盤の構築の為にも経営理念は必要である。

経営基本方針は、地域社会の代表である当社のお客さんに対し、今はお客さんではないが将来のお客さんに対し、良い商品良いサービスを継続して提供することを目標とする。

経営計画は、企業の継続的存続のため、企業自らの定めた目標に向かって行動するためのスイッチやアクセルである。

経営計画による目標の達成は、チームワーク無くしてはあり得ない。個々の力量だけでは成し得ない。経営者は、経営目標に向かい社員をまとめる経営力であるリーダーシップも必要とする。

企業は利益を上げなければ生きていけない。利益が無いといかなる活動もストップしてしまう。企業には活動費がつきまとう。利益がないとこれらの活動費がカバーできないどころか、社会から必要とされない企業と思われてしまう。企業が社会的価値を生み出す為にも利益は絶対不可欠なものである。利益は、会社活動の目的ではない、結果である。利益は会社存在の絶対的条件である。

企業が利益を上げるためには、会社自ら大々的に宣伝し、大きな努力をしなければならない企業と、小さな宣伝と小さな努力で、お客さんが良いうわさを聞いてやって来る企業がある。企業を創業したり、新商品や新サービスを発するときは大きな宣伝も大きな努力も必要であるが、将来的にはお客さんが自らやって来る企業作りや、仕組みを作ることに頭を使いたい。その為には永続的に良い商品や良いサービスを提供し続けることと、良い会社である必要がある。

・経営目標は経営目的達成の道しるべ

経営目標は絶対的に達成すべきものとして捉えるのでなく、相対的なものであり、達成するしないにかかわらずそこに向かって行動するところに意義がある。その次へ次へ繋げる役割があり、高い経営目的に向かってその目的を達成するために、何時までにという期間を区切って設置する目標である。

別の見方をすると経営の目標は、達成することが最高の価値ではなく、行動の方向性を示すものである。目標に向かって行動し、意識を高めている間に、会社が発展し、社員が成長していくものであり、次の更なる段階への目標が示される。それにより自然に会社も社員も大きく成長していく。

経営目標は、経営計画が策定されその計画を達成するために設定される。経営目標は、経営計画を通して、経営目的を達成する為の手段である。経営目標はお客さんへの貢献であり地域社会への貢献である。

◆経営計画を策定する

経営計画で目標とする売上高は、本来当社が営業を展開する市場の規模の大きさ、市場の購買力の大きさ、対象者の数（人口構成）や同業者の数、などを基に計算することになるが、都市部の人口と当社が属する市町村の人口の差、企業数の差を知るくらいで、中小企業にはどのくらい利用してくれるお客さんが存在するのか？　正確な分析力は持ち合わせていない、結局経験してみないと分からないというのが本音である。

そこで経営計画で使用する資料は、前期の決算書と同業他社との決算書、そしてお客さんの見込み数である。経験の積み上げによる作成方法である。

計画を立てても計画通り行くとは限らない。むしろ計画通りに行かないのが普通かもしれない。この立てた計画を達成するように、努力し行動することが大事である。

計画の遂行は、社長の独断であるいは都合で決めてはいけない。現在いる社員の能力が、最大限発揮できるように、行動計画を立てることである。中小企業小企業の会社は、経営者を含む全員で話し合い、議論し意見を述べ合うことにより、社員としての自覚、行動が明確になってくる。過去の成功体験、これからの時代における自社の流れや業界の対応など、一般的なことから、今後における自社や業界の将来のことと、いとまがないはずである。もっともらしい意見が独断的であったり、的外れであったりする。無用の対立、不完全な意見が出てきたりする。反対意見にも聞く耳を傾けることである。なぜ反対なのか理由は何か？　代替意見は何か？　全員に当てはまるものなのか、一部の人のみに当てはまるものなのか？　まず何よりも会社として目標を達成するには、どういう思考と行動を必要とするのか、を問題解決の中心を置く必要がある。人にはそれぞれ特徴があり長所があり短所がある。それぞれの長所を活かしながら行動計画を承認した方が上がる業績は大きい。

売上を年々増加させなければならない要因の中に給与の昇給がある。売上を通して良い商品、良いサービスを提供するというお客さんや地域社会への貢献がある。これらをベースに置きながら経営計画の作成を進めていくと理解が得られ、よりスムーズに作成が進む。

・過度のノルマは会社の継続に影響を与える

売上目標達成の為と称して、あるいは業績向上の為と称して、過度に個人へのノルマを数字をもって付けないことである。その個人によっては、過度のノルマが達成できず職場で肩身の狭い思いをしたり、たまたま親戚や知人などから大型の仕事を取って大威張りをしたりすると、会社にとって組織を動かす原動力であるチームワークが乱れてくる。互いに相手社員を競争相手と認識するようになり、仕事を教え合うことも少なくなる。何よりも経験年数の差が出てきて新しく入社した人ほど早期の退職率も高くなる。ノルマが必要な業種もあるかもしれないが、ノルマは必要最小限に抑え、会社という組織の中でチーム力を高めて一丸となって営業活動した方が、社風も良くなり長期的にも継続して会社が存在することになる。

・経営計画に期限は付きものである

チームワークを維持するためにも計画と目標は、大会社は別にしても、経営者の目の届く範囲の中小企業小企業は、社員全員を巻き込み全員で共有しないと、チームワークの維持、計画の実行もおろそかになる。

経営計画の単位は1年単位である。期間を区切った目標でないと後回しにされてしまい何時まで経っても達成できない。期限のない目標は後回しにされる。人は目標に期限をつけるとその目標に向かって行動するように出来ている。経営計画における目標達成の期限は絶対条件である。

人は納期のない仕事を後回しにするという。これは計画性のない企業の将来にも悪い影響を与える。計画を立て何時までに達成するという計画をたてることにより、社員のやる気に火をつけ行動を促し、会社が発展する原動力になる。

将来的な目標には期限を付けづらい。年商1億円前後の企業が20億円あるいは30億円達成するには何年かかるか見当も付かない。急激に売上目標を達成しようとすると、お客さんや社会に貢献するという企業本来の姿を忘れ、その態度から反感を買い逆に売上を落としてしまう可能性がある。何事にもバランス感覚は必要である。

計画が目標通りいかず、前期より売上が落ちているときは、営業や個人の努力不足だけを責めるのでなく、市場からの要求や当社の提供する商品やサービスが社会に合っているか、時代遅れになってないか、当社のテリトリーとする市場や客層に新しい企業が参入し市場が分割されてないかなど、情報を収集し検討し考える必要がある。また当社の慢心を原因とする、お客さんとの接し方、電話応対、マナーの低下などによりお客さんが離れてないか改める点はないかも視野に入れる。

経営計画による目標の設定と経営戦略が、企業のやるべきこと、社員のやるべきことを後押しする。普通の社員が仕事の成果を上げるようにする仕組み作りも必要となる。目標の設置により、目標に向かう行動の中でチームワークも形成され、社風も作られるようになる。

計画の中心は、必ずしも決算書の数字だけではない。お客さんの数の増加を中心としたり、商品やサービスの出荷数である場合もありうるが、最終的には月次決算に業績として表示される。幾ら数多く売り上げても利益が算出されないと意味がない。借入金の返済がある場合は、その返済額も経営計画の数字の中に組み込む必要がある。

経営計画書作成の上で気をつけないといけないのは、単なる数字の操作にならないことである。本当に目標とする数字はこの額でよいのか、現状を強化するだけで良いのか、機会利益を逃していないか、外に目を向けて新しい売上先がないか、安売りはしてないか、現実を注意深く見て計画に反映させることです。

経営計画書の一例

	前期実績	当期目標	２年後	３年後	５年後	——
売上						
粗利益						
粗利益率						
固定費						
（内人件費）						
経常利益						
経常利益率						
借入返済額						

寄り道

地場産業への挑戦

　復帰前の沖縄の田舎の小川には、田ガニ（モクズガニ）や田エビ（テナガエビ）なるものが沢山生息していのを今でも覚えている。田ガニも田エビも２日から３日程度、真水で泳がした後に「唐揚げ」や「お汁」に入れて頂くのである。今なら最高のお酒のおつまにという処でしょうか、沖縄の気候にも合っており、養殖技術を研究し挑戦してみたらどうでしょうか。成功したら地場産業の一つになると思います。

◆経営計画の遂行の為には、経営戦略が必要である

経営戦略とは、経営計画で決めた目標を達成するための作戦である。中心となるのは、営業戦略であり販売戦略である。もちろん計画的に製造原価、建設原価、修理原価や固定費を下げる工夫も必要である。

経営戦略は短期戦でもある。この目標を何時までに達成するという短い期間の戦いである。それは長期戦（お客さんが自然によってくること）への地均《じなら》しでもある。

当社が売り物とする商品やサービスは、店頭に並べたり、磨きを掛けただけではお客さんの耳には伝わらない、看板を掲げただけでは伝わらない。利便性や優れた商品であることをお客さんや社会に伝える努力や仕組みが必要である。何もしないと伝わらない。お客さんの立場からすると、知らない物は購入しようがないのであり、宣伝方法も販売戦略の一つであり経営戦略である。如何にしてお客さんの意識の中に、我が社が取り扱う商品やサービスを記憶してもらうかである。お客さんはわざわざ探して意識して買おうとはしない。お客さんにアピールしなければ買ってもらえない。売上増大は当社の持つ商品力やサービス力そして販売力である。

宣伝の媒体も何が効率的に集客できるのかを考える必要がある。通常単発での方法は集客力は高くない。複数の宣伝媒体を使って継続した方が、相乗効果も高く集客力も高い。そして良い会社であれば、年数が経てば経つほど、それ自体が宣伝力となる。

会社が最終的に目指すのは、営業強化という経営戦略を策定しなくても、人員を多く投入しなくても自然に売れる会社である。そのためには良い商品良いサービスを提供し、良い会社としての存在を広め、良い評判を勝ち取ることです。それは長い道のりかもしれませんが、最終的には何もしなくても売れる商品やサービスを作り上げることを目標とすることです。

・お客さんが買っているもの

お客さんは商品やサービスを買っているのではない。それに付いている利便性や機能を買っているのであり、現商品やサービスが古くなり、より便利な新しい商品やサービスが市場に出たら、多少高くても買い換えるのが通常である。

タイヤの消耗が激しくスリップが多くなり車両品店でタイヤを買った。この場合お客さんはタイヤを買ったのでなく、スリップしない安心感に対しお金を支払ったのであり、いくら綺麗なタイヤでもスリップを繰り返したら、お客さんは怒り出すだろう。

同じように水道管から水漏れがする。水道屋さんに電話して配管を取り替え修理サービスをしてもらう。この場合もお客さんは、配管、取り替え修理サービスに対して代価を支払っているのでなく、水漏れが止まったことに対してお金を支払っているのである。サービスの内容を間違えてはいけない。新品の部品に取り替えたからいいだろうではない。

最近では、漏電や水漏れの不安から業者に点検の連絡し、出張して見てもらったところ、出張料として1回につき、５千円~1万円の出張料を請求され憤慨するお客さんもいるようである。出張料が、無料の業者と、有料の業者とが混在することも原因と思われるが、有料の場合、連絡を受けた業者は有料である旨を伝えた方が後のトラブルも少なくなる。経営戦略の面から考えると、有料の方が時間のロスが防げ優良なお客さんを取り込める率も高くなる。別の面から見ると、将来お客さんになるかもしれないお客さんを逃がしている可能性もある。どちらの戦略を取るかである。

過去の実績からお客さん毎にリストを残し、優良客、常連客等のランクを付けをし、峻別し対処する方法もある。どの戦略を選ぶかで行動基準も変わってくる。経営戦略は全社員で共有しないと成果は出てこない。

今売れている商品やサービスや、今やっている仕事がこれからも変わらず売れ続ける、あるいは今まで通りの仕事がある、と思うのは間違いでである。冷静に今までの市場を考えれば分かるはずである。新技術の出現や次に取り扱うかもしれない商品やサービスの出現、これら新しい技術等の情報を早めに手に入れ、新技術や新商品や新サービス等の取り込みや切り替えのタイミングも逃してはならない。

既得権があるとか、地域に当社一店しかないとして油断していると、営業の上手な新規事業者が進入してきたりして、混乱し足下をすくわれかねない。常に先駆店として地域の社会に根を張り認知度を上げ、商品やサービスに磨きを掛け、前を行くことが重要である。

・営業戦略

営業戦略は、①自社の取り扱っている商品やサービスを、②顧客や社会にどのように提供し、③どの程度の価格で販売するか？　この3点が基本です。何も難しくないように思えます。それゆえ普通の中小企業は何の手も

寄り道

ヤンバルクイナの生き残り戦略

動物の進化の歴史の中に生き残るための進化の戦略という用語が良く出て来る。例えば、よく知られている飛べない鳥ヤンバルクイナは、環境に合わせ飛ぶ必要がなく、飛べなくなったようである。まず島が小さく長距離移動が不要であること、大型の肉食動物がいなかったこと、地上にこそ餌が豊富だったことにより、飛ぶことにエネルギーを使う必要が無いことが重なって飛ばなくなったようであるが、「空を飛ばないこと」これがヤンバルクイナの生き残り戦力である。

打たず感覚だけでこの段階で終わっています。

本当の勝負はここからです。自社の商品やサービスに常に磨きをかけ最高の常態にし、顧客や社会が必要としているものであるか考え、常に市場からの需要を調べ研究し、提供する価格をバランス良く設定し、会社にも顧客にも利益をもたらす点を絞り出し、この面から適正価格を導き出すことです。提供する価格は、市場の競争相手や類似品を調査し、当社の損益分岐点を月次決算書から計算し、それを基本に算出します。

・セミナーの開催

セミナーも当社の商品やサービスを、多数のお客さんに認知してもらう為には、効果的である。お客さんの知りたいことや利益になることや、今後の法改正などでお客さんの生活に影響があるものをテーマに、お客さんの助けになることをセミナーするのである。自社の業務内容をより詳しく説明したいところであるが、そこは控えめに短く紹介しパンフレットの配布を中心にした方がよい。セミナーを開催するだけでインパクトが強いからであり、既に当社の名前や業務内容は頭に入っているはずである。セミナーの趣旨からして時間は2時間以内とする。あまり時間が長いとお客さんが気疲れし、2時間を超えると集中力が切れて逆に悪い印象を与えてしまうからである。

寄り道

安売作戦も考えもの

居酒屋において、一時期「8時までビール100円」と言うキャッチフレーズのもと安売りをするお店が沢山あった。スーパーなどの小売店が「OOOセール」と銘打って、目玉商品として安く販売することがあるが、居酒屋の安売りとスーパーの安売りは根本的に意味が違う。

ビールは居酒屋にとって主力商品の一つであるが、スーパーの安売り商品は、売れ残りや流行遅れなどの「訳あり商品」である場合が多い。更に居酒屋は時間も売り物にするが、スーパーは早く売り切る事を優先にする。我が社の売り物は何か？　付加価値を付けるならどこにつけるか？を戦略的に考えないといけない。

「持ち込みOK」も差別化の一つ

最近では、本土との交流も多くなり、本土出張の際、あるいは友人や知人、あるいは仕事の関係で珍しい日本酒などのお酒も送られてくることも多くなった。そこで一人で飲むよりも模合などで、居酒屋に持ち込んで仲間と試飲をしたいものだが、肝心の居酒屋への持ち込みは断られることが多い。居酒屋の理由としては、メニューから選んで欲しいこと、お酒は酒造メーカーと契約していることのようであるが、持ち込む側としてはただとは言ってない。粗利程度の持ち込み料金で持ち込みを認めて貰いたいだけである。

この持ち込みＯＫを堂々とアピールしたらお店の差別化の一つにできるはずである。

セミナーに限らず、お客さんへ訪問した際に商品やサービスを説明する方法や、水道管や電気の修理をした、その修理後の結果は、それはお客さんにとって最も良い方法だったのか、次も簡単に故障することはないか、自分の業績だけを上げる為だけの訪問になってないか、自分が楽する為の手抜き修理になってないか、を考えることである。同じ時間同じコストを掛けるのであれば相手にとって良い仕事をした方があとの業績にも繋がるし、会社の評判もあがる。何よりもお客さんとの強いつながりができる。そのことを習慣にすることである。

・ホームページの必要性

ホームページの開設は必須である。

売上を増やすには固定客を増やすことが基本である。その為には、商品やサービスに信頼性があることも必要であるが、宣伝の多様化としてのホームページの開設も欠かせない。ホームページを通じての販売は少ないにしても、お客さんは、商品やサービスの購入、あるいは仕事の取引をする際には、購入先のホームページを一度閲覧し、会社の公開する情報を得てから信頼できる会社かどうか？　場所はどこか？　取り扱い商品や

臨機応変に相手に納得させることも能力である

ある団体に呼ばれてセミナーの一部の講師を引き受けたときの話である。１時間程度の経営理念とか、経営計画と会計とかに関するセミナーであったが、終了間際に一人の若い経営者らしき人から質問を受けた。「どうしたら会社が発展するのか？　教えて欲しい」という単純な質問だった。内心この質問には、少し戸惑った。経営理念を作成し経営計画を作成しリーダーシップを発揮して、良い会社に仕上げていくという内容のセミナーのつもりであったが、この方には全く届いてなっかたのか、私のセミナーが下手だったのか、後者の方であったと思うが一言での答えは出なかった。結局この質問に対する答えは、今回のセミナーの内容に関係なく「会社が良くなるように信念をもって頑張っていくしかないでしょう」というのがこの場面での最適の答えだったような気がした。現場での経営に置き換えた場合このような質問には、頭を 180 度回転させ臨機応変の答え方も必要であると感じた質問であった。

サービスは確かか？　確認してから電話するのがほとんどである。当社の認知度を高め拡散するためには一つの販売方法に頼るのではなく複数の販売ルートや宣伝媒体が必要である。

最初の作成方法は、模倣的に創造的に個性的に独自の形式で作成する方法もある。最初は見栄えの良い他の会社のホームページを参考にするのである。独自性を出すのはその後である。自社で作成する技術がなければ専門会社へ外注するのも良い。

ホームページは、会社案内はもちろんのこと商品説明や販売方法のみならず、お客さんへの案内、お客さんとの接点、社員の採用の公示と多種多様に使える。その設置は常備である。

新規取引を開始しようとする場合、相手は、既に個別取引の前の段階で当社の事業や商品内容を調べており、特に一般の新規のお客さんは、既に他のホームページと見比べて終えており、当社に取引の電話が来るのは、その後である。

ホームページは地域密着型に親しみを込め、アットホーム的に作成することもよい。お客さんに当社や、当社の商品やサービスの魅力を知ってもらう販売戦略の一環としてホームページである。

会社案内や商品案内に、パンフレットや名刺などがあるように、ホームページにも、より良いインパクトを持たせる工夫をすることである。例えば一例として顔写真を載せたり、実績を載せたり、当社を印象付ける何かを当社に合った方法で載せるのである。今以上の何か良い方法が必ずあるはずである

うわさを聞いてパンフレットなどを見ても、最後にホームページで確認することが多いという。ホームページはコストもチラシなどに比べて安くしかも24時間営業である。ホームページを開設しない手はない。

◆経営戦術

経営戦術という経営の用語がある。目標達成の為の経営計画が定まり、その目標を達成する方法として経営戦略を決め行動方針が示されることになる。この行動方針を実践し実行するのが主に社員である。これを戦術という。目標は同じでもその戦術は、それぞれの社員の現場でそれぞれ現場に応じた自分に応じた行動方式や実行方法により異なる。

経営戦略も経営戦術も元々は戦場から出てきた用語である。つまり戦争に勝つために

相手に勝つ作戦（戦略）を立て、それを実践（戦術）するのが兵士（社員）である。いざ戦いになったら自らの判断で行動しないといけない。その場にいる者の判断に任せるしかないのである。

同じように企業経営における経営戦術も本人に任せるしかない。戦術は戦略にそって現場で行動すべきものであり経営戦術の行動方式は統一できるものではない。経営戦術は個人の力量と経験に頼るところが大きい。フィードバックによる情報の共有も重要である。

中小企業小企業においては、社員が少ないうちは、経営者も戦術の一端を負わざるを得ない。当然のことである。

寄り道

社長も一人のセールスマン

ある会社の例であるが、主要な受注先や発注先については、社長自ら訪問するとのことである。金額も大きいので銀行振込にしたらどうですか？　と話をしたのであるが　継続的なお客さんや、金額の小さいお客さんは他の営業社員や銀行振込を活用し、主要な取引先は銀行振込に関わらず、お礼と情報収集あるいは次回の仕事のお願いを兼ねて訪問するとのことである。なるほどと思った。社長自ら行う経営戦術の一例である。

◆自己目標管理

目標を達成するための行動は、支配的にあるいは管理的に行うのでなく社員に自主的に行わせることである。会社で目標が設定されたら、その目標を達成するのは個人の知識、能力、そして何よりもやる気であり努力である。それを支えるのが企業自らの市場への良い商品、良いサービスをアピールできる発信力、あるいは浸透力である。企業の社会的知名度も宣伝効果も大きい。決して社員だけの力量だけで達成できるものでもない。環境整備も必要である。個人の能力に頼りすぎると、その個人が欠けたときの痛手が大きい。会社としてはなんとしても避けなければならない。その為にはモデル化し記録し手順表やマニュアル化しノウハウとして残すことである。そのことにより優れた個人の手順や成功体験を全員で共有することができるし、その個人が抜けたとしても穴埋めができる。

目標管理は、上司からの管理ではなく、目標達成の為の自己管理である。目標に向かって目標を常に意識し理解しどう行動したら市場（顧客）に受け入れてもらえるか、どうしたら業績が向上するか、自己の知恵と工夫の見せ所である。これは押し売りではない、良い商品良いサービスを提供するという目標である。自己の仕事を、ある社員は商品という物を売っていると捉え、またある社員は商品というサービスを売っていると捉えている。この両者の考え方の違いにより、2人の行動も異なってくる。お客さんへの接し方も変わってくる。お客さんからの信頼度も変わってくる。

上司による部下の支配的強い管理に対しては、部下はどう行動してよいか困惑するだけであり、本人がもつ本来の行動方式にほとんど合わないばかりか、成果を上げることもできず、チームの崩壊退職を招くことになる。自分の意思で、自分の行動方法で目標達成に向け行動した方が、達成の為の良いアイデアも湧き業績も上がる。

管理は目標を達成するための自己の管理であり、その為にはどう思考し、どう行動したらよいか、アドバイスを受け、アドバイスをし、それを支えるのが会社というチームである。

たまに飛び抜けた社員が出て来るのも事実である。普通の一般的な社員をワンランク上にするには、優秀な社員からのフィードバックによる情報の公開がある。それを手順表やマニュアルへ記録し、一般的な社員の手本にすることである。その為には会議の進行が重要な役目を演じる。会議の中で発言し、質問を受けマニュアルを点検し相互理解を深めることである。その時に真意が伝わるかどうかはその会社にチームワークが醸成されているかどうかである。

◆利益が算出されない理由

利益が算出されない理由は色々ある。一概には言えないが次のことが主に考えられる。

1、販売の手を打っているが、市場に当社の商品やサービスが受け入れられない。時代にあってない。他によいものが出ているが、当社がそれを認識していない。

2、企業の内部に問題がある。社員のサービスや対応が悪く、基礎的行動規範ができてなく、お客さんが当社を利用する気になれない。

3、付加価値がない。商品やサービスを店頭に並べるだけや営業で回るだけでは中々売れない。そこに付加価値がないからである。付加価値とは商品やサービスが本来備わっている効用だけでなく、会社や社員の信用度、お客さんとの接し方、商品サービスや会社の知名度全てを含む。同じ商品やサービスならあの会社にお願いしたいとする信頼度である。

4、原価や固定費の経費が掛かりすぎる。

市場の相場と比べ、いくら適正値段を付けても原価や固定費が掛かりすぎても利益はでない。

経営において努力は報われるとは限らない。お客さんの生活に役立たない商品やサービスはいくら販売の努力をしても売れない。原価や固定費が掛かり過ぎても利益はでない。

経営方針がなくチームワークも悪く挨拶もなく会社内に暗雲が漂う会社からは商品やサービスを買う気もない。

寄り道

商品は「あっち」というマナーはない

ひと昔前の話ではあるがとても品揃いのよい電気店があった。テレビなど高価な買物をするお客さんをチヤホヤし、愛想笑いをしながら商品説明をしていた。一方電池とか電球を買いに来るお客さんには、その商品の場所を尋ねると「あっち」と言って指を指すだけで動かない。挨拶、身だしなみ、言葉使いなどの基礎的行動規範もできてない。社員は店主を真似る。そのうちに挨拶などもしっかりした大型店舗がやってきて閉店においこまれてしまった。基礎的行動規範ができているからといって必ずしも値段の安い大型店に勝てるということではないが、基礎的行動規範ができてないと、お客さんに良い印象を与えることはできない。基礎的行動規範も会社の大きな付加価値の一つである。

第4章

経営方針と社員

1 社員も会社の重要な戦力

◆社員の力量にも会社の発展が掛かってくる

会社の発展は経営者の力量によるとはいえ、社員の力量にも掛かってくる。中小企業にはまず優秀な人材は入って来ないと思った方がよい。一般的な普通の人材しか入ってこない。もちろん優秀な人材を獲得する対策は必要であるし根回しなども必要かもしれない、優秀な人材が入ってきたら運が良かったと思うことが一番である。しかし企業経営は運だけでは経営できない。一般的な普通の社員を出来る社員に変えるのが経営でありビジネスである。頭の固い社員がいる、融通の利かない社員がいる、人の話を忘れる社員がいる。会社はこれらの一般的な社員に与える仕事の内容や状況を教えながら、経験させながら、本人ができる方法で、会社の業績がより大きくなるように教育し実践し、あとは本人に任せるしかない。本人の業績が上がるかどうかは、本人の仕事に対する集中力と真摯な態度と卓越性の追求である。

仕事を早く覚えさせるには、マニュアルや手順書はある程度有効である。マニュアルを超えた仕事ができるようになるのは本人の努力であり器量である。

・**企業は人なりという**

企業は人なりという。ある戦国武将は、「人は石垣人は城……」と言う名言を残しているほどである。会社の舵取りはもちろん経営者であり、そのことを理解し、社員に能力を発揮させ、働き甲斐を感じてもらう環境を整えるのも経営者である。社員は身につけた能力を最大限に発揮し、お客さんに貢献し業績を上げることにより、給与を取得し働き甲斐を見いだしその結果、会社に貢献することになる。

仕事で能力を発揮できない、仕事で働き甲斐を感じないとなると、自分が得意としない分野で、不得意な手順での方法で、あるいは不得意な客層相手に仕事をしてないか見直してみる必要がある。人は自分が得意とするところ、専門とするところ、自分に合ったところでしか大きな業績を上げることができない。結局人は嫌いなことは続けられないのである。

企業は社会に貢献するために、仕事を決め、人を採用し、良質の仕事を生み出す。採用した人の得意とする範囲で企業にあった強みを引き出し、生き生きと働いてもらうことにより、生産性も高まり企業も発展していく。

・知識や技術を早く身に着ける

会社も業績の上がらない所にコストを掛けることは不効率であり、人を型にはめることはできない。左利きを右利きに替えることは出来ない。本人の能力が発揮できる方法を観察し、できる範囲で認容することである。営業で優れた社員を管理職に昇格したとたんに成績が悪くなったり、現場の環境が変わって成績が落ちることはよくあることである。

知識や技術は、企業社会の中ではなくてはならないものである。仕事の知識や技術は古くなるのも早い。常に新しい知識や技術を数多く仕入れなければならない。常に更新する必要がある。知識や技術は企業の外からやって来る。時代に、お客さんに、市場に、目を向け不足している知識や技術がないか高める必要が常にある。高い知識や技術を持たずしてお客さんや社会が要求する新商品や新サービスを編み出すことはできない。

更に卓越した知識や技術を身につける努力は欠かせない。卓越した知識や技術は本人に帰属する固有のものであり、会社に返上することも、他の社員に与えることもできない。社員の卓越した知識や技術を通して、会社は発展し社会に貢献できるのである。

意識や技術のアウトプットは、インプット以上に引き出すことはできない。できるだけ高い技術を、できるだけ多くの知識を、できるだけ早く身に付けることである。

・言葉の語彙を増やし説明力をつける

言葉の語彙を増やし、説明力を増すことも仕事には欠かせない。お客さんと接したり、人と話をするときにできるだけ、正確に分りやすく相手に話を伝える為にも必要である。

寄り道

訛りの強い営業マン

何年か前にとても言葉使いの上手な営業マンと話したことがある。とても丁寧で伝わりやすい言葉を使うので感心し、本土の何県出身の人かと思い尋ねてみたら、生まれも育ちも与勝半島の出身であるということである。あの場所はとてもアクセントの強い地域であり、とてもその地域の人の言葉使いには思えなかった。プライベートではそういう営業用の言葉を使わず、思い切り方言を使うということであり、使い分けているとのことであった。どこでこの綺麗な言葉使いを習ったのか質問すると東京で 15 年程働いており、そこで夜間は日本語学校に通い、発音の練習から声の発しかた、言葉の使い方、顔の表情などを勉強し、意識しながら実践したということである。同業者のセールスの大会でも何度か表彰を受けたということであった。知識や技術や言葉使いも、意識し勉強すれば向上するものであるが、意識もせず勉強もしなければ、いつまで経っても現状のままである。早く気付くことである。決して沖縄県の地方訛りを使うなと言うことではない。むしろ普及させたいぐらいであるが、ビジネスでの用語は違う、伝わりやすい分かりやすいビジネス語は必要である。

◆自社の適正給与を考える

給与には、下限と上限がある。給与は法律で最低賃金を下回ってはいけないという下限があり、世間相場よりはできるだけ高く上げたいという下限もある。上限は資金繰りであり支払能力である。更に仕事に見合った給与の支払いという個々人の評価にも左右される。

給与が安いと生活との関係で退職を繰り返す。退職者が多いと経営にならない。また給与が高すぎると資金繰りを圧迫し倒産を招く。退職を繰り返さない、資金繰りを圧迫させないためには、世間相場はもちろんのこと、労働分配率やその他の分岐点を計算し経営とのバランスをとることである。

そのために経営の状況や資金繰りなどのキャシュフローなどの予測が必要となるのはいうまでもないが、月次決算書を的確に迅速に作成することにより、自社が払える給与の額の目安の範囲をある程度計算することが出来る。ある戦国武将は、「情けは味方、仇は敵……」とも言った。給与は世間相場や決算書だけのデータで決められるものでもない。

給与と経営計画は切っても切れない。給与を増やすには利益を増やさないといけない。当然に売上も増やさないと、給与の支払いに使える資金は出てこない。給与は売り上げた利益からの分配として経営計画に繁栄されないと、社員の経営計画を達成するという意識も高まらないことになる。

満足な給与は、会社に出勤するだけでは手にすることはできない。仕事を正確に仕上

寄り道

数字で見る会社への貢献度

利益一人当たりの会社への貢献度を計算してみよう。売上1億5千万円。利益4％の6百万円。社員12人の平均的な小会社をモデルとして計算してみた。

○月間一人当たりの売上高
1億5千万円÷12人＝1千2百50万円÷12月≠一人当り月百万円の売上である。
○月間一人当たりの利益の額
利益6百万円÷12人＝50万円÷12月≠一人当り月当り4万円の貢献である。

自分の会社に当てはめると自分がどの程度の利益を会社に貢献しているのが計算できる。

げ、会社が利益を上げ業績を上げないと高い給与は望めない。少なくとも経営計画を理解し、持てる知識や技術を駆使しないと高い給与は望めない。会社が社会から高い評価を受ける為にも社員の能力向上は欠かせない。

・人はパンのみに生きるにあらず

人はパンのみに生きるにあらず。とても意味深い言葉です。経営コンサルタントが、セミナー等で好んでよく使う宗教上の言葉のようです。人はパンだけで生きているのでなく、何か別の生き甲斐も生きていく上で必要ということのようです。

会社経営についても同じようなことが言えます。人は給料だけでは働かない。働き甲斐がないと働かない。給料が多少安くてもその会社に働き甲斐とか将来性があれば、退職することなく働き続けるということである。働き甲斐さえあれば、給料を安くしても働くという解釈では決してないということも付け加えておきたい。

寄り道

給与の本土並みは、企業の責務でもある

沖縄の企業の給与水準は、本土企業の約7割弱と言われている。本土で仕事を経験した人の殆どが口にする言葉である。本土で30万円の給与は沖縄では、23万円程度ということになる。業種によっては50％程度と言われている所もある。

本土の企業も大分沖縄に進出してきたが、やはり給与は、本土での給与より低いようである。本土企業が沖縄に進出してきた理由は、沖縄の将来の発展可能性、アジアとの窓口、温暖な気候、人柄などであるようであるが、安い人件費で沖縄に進出してきただけでは困る。本土並みの人件費にすべきである。

地元の事業者も給与が本土に比べ安すぎることを自覚しないといけない。人件費の高率化に向けての努力と、生産性の向上も必要である。その為には、昇給に見合う売値の設定も必要である。商品やサービスを「安くしたら売れる」ということを中心に据えると給与はいつまで経っても低い水準のままである。沖縄の企業全体の問題でもある。

◆教育訓練の基本は基礎的行動規範から始まる

仕事の基本は礼儀でありマナー（主にあいさつ、身だしなみ、言葉使い）である。基

礎的行動規範という。基礎的行動規範は口先や頭の中で想像するものでなく、行動としてのマナーである。ある会社の基礎的行動規範は、更に身の回りの掃除を徹底してやることと、約束の時間は5分前到着ジャスト訪問だそうである。

基礎的行動規範を行動として実践するためには、研修機関を持ち合わせてない中小企業にとっては、外部での研修訓練に頼ることも良いが、自社で実践の中で教えることもよい。

中小企業の場合、出来る社員のみを採用するのは難しい。普通の社員をできる社員に仕上げるには教育訓練が必要である。仕事においてやるべき業務訓練として仕組みを作り、マニュアル化して、いつでも仕事に応用できるように、何かあればフィードバックできるように残しておくことである。

集合社外研修では、すぐに実務に活かすことは難しい。情報収集の場として知識の一つとして長期的に構えた方がよい。実務に活かすには社内での仕事を通して仕事の手順書や会社で作成したマニュアルを見ながらの伝授的な研修がよい。

・**研修の目的は普通の社員を普通以上の出来る社員に仕上げること**
研修費は間接費であり、投資である。内部留保からの支払であり、当期の売上にすぐに貢献することは少ない。しかもすぐに忘れてしまう。社内での継続が必要である。

社員の教育訓練は、意識してでも経営理念や経営基本方針、業績の向上に基礎を置く必要がある。その上での個々人の仕事に応じた研修である。個々人の研修には、必要と

寄り道

あいさつは仕事の基本中の基本

ある会社は、客商売ではないが、毎朝仕事前に「いらっしゃいませ」と「ありがとうございました」を大きな声で笑顔で5回づつ発するそうである。来社したお客さんに、孤立感を与えないことと、親しみ感を与える為にやっているそうです。お客さんとの距離感を縮め、次も気楽に来てもらえるように、毎朝この訓練をやっているとのことです。おかげでお客さんの顔を見ながら自然に挨拶も出来るようになり会社の雰囲気もだいぶ良くなったとのことです。

される専門技術があり、現場には現場の、事務職には事務職の専門技術がある。教育研修や技術訓練を廃止することはできない。その後の将来の事業活動の生産性に大きな影響を与えるからである。

自己成長は、本人のやる気に大きく左右される。自ら受ける教育訓練に受構えができてないと、吸収力も半減し本人にとっての自己実現も遠のくことになる。自己実現は、働く喜びであり、仕事を通して社会に貢献しているという実感である。

仕事の位置づけを、給料を貰い生活をするため、生きるため、食べるためだけにやっている人と、仕事に誇りを持ち、自らを高めようと仕事をやってる人との差は歴然である。心の持ちようである。研修を受けているとき、仕事をやっているとき、その心の持ちようによって成長の差は大きい。自らを成長させるということは、能力を上げることであり、自分の責任である、他人とは関係ない、自らの責任である。

社員教育研修は、計画的に受けさせるのであり、その社員のレベルにあった教育研修を受けさせることである。費用（料金や時間）対効果からも新入社員に管理者教育を受けさせても無駄である。教育研修の目的は、普通の社員を、普通以上に仕事ができるようにすることであり、誰がやってもやり遂げることができる仕組みを作りあげることである。会社に成果をもたらす教育研修と、お客さんや社会に貢献することにより会社が成り立つことを教育研修に組み込むことです。

新入社員であった者も、いつまでも教育期間、研修期間、補助役という訳にはいかない。その期間が終わったら、責任ある仕事を少しずつ持たせることである。100%完璧にこなすことは出来ないかもしれないが信頼することである。そのことにより本人も、責任感とやり甲斐が出て来る。会社貢献への第一歩を歩み出すのである。仕事を通した訓練にもなる。

◆モチベーションを上げる（自分が希望する仕事なのか）

嫌々ながら働くことは人間的ではない。この仕事は自分がやりたい仕事なのか、自分が目指していた希望とする仕事なのか、この仕事は自分の性格に合っているか、あるいは自分にとってやりがいがあるか？　これらは入社する以前の問題である。

愉しく働き生き甲斐をもって仕事をするには、就職し働こうとする会社の業種業態はもちろんのこと、経営理念や経営方針も調べ、前もって知っておくことは必然である。これらは通常文章化されホームページやパンフレットに記載されてる場合が多い。

学校を卒業し、応募要項を見て企業の採用試験を受け、採用されたとしても企業の業務内容が自分に合うものであるか？　とは言ってても仕事をやってみないと分からないところがあることも事実である。大企業に限らず中小企業も同じである。特に目的を持たずに採用情報のみを聞いて入社すると、後で後悔することも多々あるようである。入社当初は仕事の内容や進め方も知らず一生懸命であるが、慣れてくると、自分が求めていた仕事でなかったり、自分に合わない職場であることに気づき、転職を繰り返すことになる。転職の繰り返しは、本人にとっても採用した会社にとっても、利益になることはない、ことは明らかである。

転職する前に、まずは与えられた仕事に没頭し会社で一番を目指し、会社を地域でナンバーワンの会社にする気概を持つことである。転職しても自分が理想とする職場かどうか保証できず、また転職を繰り返す可能性が高いからである。転職はそれからでもできる。

◆仕事は才能ではない、心構えである、集中することである

仕事に慣れてくると日常の業務が平凡化し同じことの繰り返しで飽きたという人がいる。仕事は業績を上げて社会に貢献しその対価を得ることにある。勉強しに来る所でもなければ、給与だけを支払うためにあるものではない。仕事に飽きたということは、業績を上げ社会に貢献することを止めたということである。知識や技術の向上に努力することを止めたということである。

仕事のモチベーションを上げるには、意識して仕事に集中する心構えを持つことである。仕事の区切りがついたら、仕事を記録しフィードバックし見つめ直し業績を上げる工夫をする。ただ仕事をし時間を過ごしているだけでは成果は上がらない。仕事をしている時は集中することである。意識してでも集中すると、集中が集中を生み大きな成果を上げることが出来る。どうすればもっと業績を上げることができるか、常に考えることも大事である。仕事は日常業務の繰り返しであるが成果を上げるには、時々立ち止まって自己の仕事のやり方に非効率はないか、もっと効率的な方法はないか考えることである。才能ではない心構えである。

業績を上げるということは、売上を上げるということだけではない。知識や技術を駆使して仕事を正確に早く仕上げたり、コストを削減する方法を見つけることも業績を上げることに繋がる。

若いときは、上司から同僚からお客さんから学ぶことも多い、まさに仕事が仕事を教えてくれる時代である。経験者やベテランになると、誰かが積極的に教えにくることは少なく、自分で学ばなければならないことが多い。自ら研究し開拓し試験し成果の上がる進むべき道を創らなければならない。そして後輩の手本となり教える立場にならなければならない。教えることは、自分が学ぶことでもある。

これからの時代、特に中小企業に限らず「終身雇用」の時代に戻ることはまず考えられない。情報が氾濫し、人それぞれの価値観が多様化し、職業の自由化も真実味を帯びている。転職しても誰からも文句を言われない。転職も自由である。

◆チーム力を高め情報を共有する

会社においてチームワークの形成は目的ではなく、会社を発展させ、地域社会の貢献に心を向ける手段である。地域社会の貢献に心を向けるとは、経営理念に目をむけるということであり、経営理念は、地域社会の貢献に根ざすものでなければならない。

自分のアイデアで仕事をすると楽しくなるし良い結果も出やすい。その為には経営方針や経営計画を理解し共有し自分のものにしてしまうことである。その上でのアイデアである。決して独りよがりのアイデアではない。経営方針や経営理念に沿ったアイデアである。そしてそのアイデアを公開し他の社員と共有することにより働き甲斐も強くなる。

良いアイデアは他の社員と共有することにより会社のノウハウとなる。社員が良いアイデアや改善すべき点を見つけた時に備えて「改善点提案制度」を設けておくとよい。提案された全てが全て採用されるわけではないが、まず経営者が目を通してから提案会議やあるいは通常会議に取り込んでそこで話し合うことである。ベテラン社員の意見、若い人の意見を良く聞き、提案された部分を改善したことにより他に不都合な事が起きないかをシミュレーションしたり、決まったらその利点や効率性を他の社員と共有することである。それにより考えが統一されチームもまとまる。何よりも提案した者の思考力が高くなる。

寄り道

お客さんは売る前も後もお客さんである

売る前は一生懸命売り込み、売った後は知らん振りでは、お客さんは後に続かない。本人は知らん振りしたつもりはなく、次の仕事に移っただけであるが、お客さんはそうは考えない。後のフォローも大事である。このお客さんが今後も当社と付き合ってくれるか、大事な分岐点である。

◆自己実現は働く喜びである

社員には自己実現が必要である。それは働く喜びであり社会に貢献しているという実感である。社員には平穏無事に仕事ができて良かったとか、ミス無く仕事を無難にこなしたて良かったと言う社員もいれば、もっと大きな仕事をしないと満足しないとか、社員の満足度には個人差がある。

自己実現とは、個人の自己満足のことではなく、会社は仕事を通してお客さんや社会に貢献するものである。自己満足で終わるのは自己実現ではない。自己実現はさらにその先にある。

給料の見返りや上司の圧力で仕事をするのでなく、心の中から湧き出る動機で生き生きと仕事をすることである。人間はやらされていると言う気持ちより、自らやろうとする気持ちの方が力を発揮する。

自己実現は、会社や社会との調和により、自らの人間性を高め、充実感を感じとり、社会における本人の精神的位置づけにもなるものである。

◆中間管理職の役割は下からの相談に乗ること

中小企業小企業特に沖縄における小企業の中間管理職は、副社長、専務、部長、課長の肩書きを問わず決定権を持ち合わせていない場合が多い。その為中間管理職は、下からの相談役に徹したほうがスムーズにいく。本来副社長や専務は中間管理職には該当しないかもしれないが、中小企業小企業の役職名と業務内容は会社の実態によりけりである。

経営上の指揮、命令、最終判断を下すのは、中小企業の場合社長だけである。他の中間管理職がこれを行うと現場が混乱する。他の中間管理職は、会社で決めた経営方針が理解され、経営戦略が現場で実行されているか、誤解されている所はないか、あるいは、仕事の手順が解らなく戸惑ってないか、あるいは手順が間違ってないか、下からの相談に乗る役目である。全てが全て中間管理職が、その社員の性格や長所短所、仕事のやり方まで理解しているとは限らず、指揮命令すると反って反感をかったりするからである。指揮命令は社長の仕事である。

また決められた手順より、現場に接する下の者の発案した仕事の手順の効率が良かったり、的確な情報を仕入れている場合も多く、このようなときは下の者の案を取り入れることにより仕事の効率化や、情報による経営の改善や新技法の導入が図れることも多々ある。下の者は常に現場に接しており下からの相談や意見は重要であり、無視することはできない。新人の若い人がＩＴに強かったりしていることも多い。下からの相談の中に現場の改善や効率化に役立つものがあれば、提案会議などで議題に乗せることである。

沖縄の企業、特に中小企業小企業の場合、組織図は社長を頂点としたピラミッド型であり壁に貼られている場合も多い。それを理想としていることも分かる。実際の現場は、社長を頂点とした天秤型である場合が多く、ピラミッド型を組織し、ベテラン社員に現場をもっと仕切ってもらいたい気持ちは分かるが、中々伝わらないのが現実である。中間管理職は現場での指揮官でもあるが、部下に仕事を伝授する役割もあり、下からの相談を受ける役目としての役割もあることを組織として決めていた方が事はスムーズに運ぶ。

沖縄の中小企業小企業の場合、社長一人で会社を動かしていることが多く、部長課長からの指揮命令は「上から目線」に映るようであり反感をかうことも多い。部下の社員も社長と同じことを聞いても社長は「こう違うことを言っていた」と聞こえるようである。もちろんうまく回ってる会社もあろう。現場が多く社長よりも部長課長がその現場をよく知っていることも多く、部長課長の方が他の社員とも多く接していることもあり、この場合仕事の進行度合いはチームワークの形成度にも左右される。

寄り道

事業承継は社長が元気なうちに！

建設業の２代目の社長である。通常２代目の社長への事業承継は難しいといわれるが、成功した会社の例である。初代の社長は、現場が本人の職場といわんばかりにいつも作業服を着て現場に身を置いていた。会社に技術者が足りないベテランがいないということもあり、率先して現場を廻っており経営よりも現場を重視しているように見えた。現場で働くその中には、次期社長となるであろう２代目もいた。２代目は若いということもあり経営は社長に任せ、会社外での経営者の集まりや、業者会での活動を活発にしていた。そのような折り、初代が社長を降り、会社を息子である２代目に引き継いで身を引いたのである。理由は他にやる仕事があるということである。その後、初代は単なる相談役程度に収まり会社への出勤はほとんどなくなった。

この２代目経営者の強みは、人脈と人使いと抱える技術者の数と、なんと言っても社員を信頼している姿である。現場の工程のこともベテラン社員ほどでなくてもある程度理解できている。現場方針は、「ベテラン社員と中堅社員と新入社員との３段階で現場を任す」ということである。それにより実務での技術の承継や完成度が違うということである。簡単な現場であっても新入社員だけでチームを組むことはない、新人だけで組むとミスをしても気づかず後でクレームがきてその後の処理が大変であり、ベテラン社員だけでチームを組むと、技術の承継ができないということである。このことは２代目社長の新人時代の経験に基づいているという。

２代目社長の口癖は、自分は「社員に恵まれている」ということを強調するところである。社員に恵まれているかどうかは、個人の主観的な判断に依るところが大きい。同じ社長でも、人によっては社員をあまり信頼しない社長もいる中、この差は大きい。社員に支えられこれからも期待の持てる会社である。

現場服で現場を指示する初代と現場で汗を流す２代目

2 社員の心構え（やるべき事）

◆仕事の中に生き甲斐を見つける

優れた業績を上げるためには、仕事に集中し、自らの会社の経営理念、経営基本方針、経営目標を理解し自信を持ち、会社と社会に役立つものであるとの信念を持たなければならない。企業発展の基盤がそこにあるからである。

会社の経営戦略を理解し、経営目標に向かって努力し、会社に誇りをもち、仕事に必要な知識と技術を身につけるため研鑽し、勉強し、自己の仕事を評価し、フィードバックし記録して見直し、再評価することを慣習とすることである。そのことにより仕事に対する自己の長所、短所を見つけることができ、長所をより伸ばすことができるからである。短所は個性であり他に迷惑を掛ける悪戯でもない限り直そうとしないことである。

短所を直す時間があれば長所をより伸ばすことに時間を使うことが賢明であり成果もより大きい。

自らの成長のために必要なことは、能力の向上である。その為には仕事に生き甲斐を見つけることである。他人より一歩抜き出る事であり、仕事における卓越性の追求である。

仕事に集中することである。生き甲斐を見つけきれずに、やりたくない仕事を何年も続けると嫌気がさして体にも良くない。職場でのチームワークも保てない。周囲の足を引っ張ることにもなりかねない。自らが目指す職場と違う場合は、転職もやむを得ないかもしれない。次は自分が目指す仕事を慎重に選ぶことである。転職は3回までである。その間に自分が得意とする仕事、やりたい仕事を早く見つけて生き甲斐を持つことである。

社員がいやな顔や態度で仕事をすると、必ずお客さんに伝わる。一人の横着で悪いイメージを会社に与えてしまう。いやな思いをしたお客さんは二度と訪れることはない。

◆ルールを守る

決めたルールは全体に通知し行き渡らせ徹底しないと意味がない。それでも約10％程度は知らなかったというのが出て来る。人の言葉は7％しか伝わらないと言われている所以である。

一生懸命話し伝えても、それでも取りこぼしが出て来るのである。経営者はそれを理解するとあまり怒らずに済むようである。取りこぼしをカバーし意志統一を目的として、

寄り道

人には適職がある

スーパーなどの大型小売店を退職し介護関係の仕事に転職した者、逆に介護関係の仕事からスーパーに就職した者がいる。それぞれに退職した理由はあるが、今の仕事が自分に合っていると言う。経験してみないと自分でも分からないようである。やり甲斐、働き甲斐は人それぞれである。

マニュアルや指示書を作成することとする。これらは誰でも分かる形で、いつも会社で使っている言葉で作成し、決められた場所に保存し、いつでも必要なときに取り出せるようにしておく。

新人社員に仕事を教えるというルールブックをもって決めるとよい。パートアルバイトのような単純作業から、特殊な技術を要する仕事、専門的知識を要する仕事などに応じ手順表などを作成しておくことである。そのことにより新入社員も、次何をやるか予想できる。他の社員も手順表を見ながら進捗状況が確認できる。

人が成長するためには、他の人に仕事を教えることも有効な手段である。面倒がらずに真摯な気持ちで仲間に仕事を教えることは、教えている本人が相手を通して教わることにもなる。

◆個人のスケジュール表（日報・月報）

スケジュール表は、自己管理、自己評価、自己反省の記録のために作成する。時間の管理のために作成する。会社は本人に働く場としての仕事を与えるが、同時にそれは個々人が社会生活に適応し社会人として成長するための手段でもある。個人の成長がないと当然に会社も成長しないし発展もない。

記録を残すことは勝ち癖をつけることにも役立つ。小さくても良いから、成功体験を増やしフィードバックし記録することである。記録することにより身に染み自然に成功体験がよみがえるからである。勝ち癖をつけるということは、相手を負かすのでなく、自分に勝つ成功体験である。

スケジュール表の作成は、自己の仕事を効率よく、完成または達成の為になくてはならない初歩のツールであり、計画を立てて行動しないと、その場その場の楽な仕事だけになってしまい、仕事の管理も時間の管理もできなくなり、大事な仕事に充てる時間も削られてしまう。仕事には重要な仕事と軽い仕事があり、その重要度のメリハリがなくなってしまう。

お客さんを直に相手にする仕事の約3割は予備の時間であり、それも見込んで計画を立てることである。仕事にはスケジュールを狂わし、時間を無駄にするものがたくさんある。お客さんからの面会時間のキャンセル、突然の来客、上司からの突然の依頼など、避けて通ることはできないものである。できる対策は、大事な仕事を優先的に片付け余裕時間を多く確保しておくことである。仕事を先に延ばすほど効率の悪いものはない。今日できる仕事は今日片付けることである明日は明日やることがある。

約束のキャンセルは、なるべく当方からは控えることである。キャンセルを多くすると逆に先方の都合により、軽い理由でキャンセルされることになる。スケジュール表を書かないとウチナータイムになってしまう。

時間の活用と時間の浪費の差は大きい。仕事の業績にも影響を及ぼすことになる。スケジュール表を作成し、時間をどう活用するかは、訓練と気づきにより解決することができる。スケジュール表の作成は会社で義務化することであり、重要な仕事を早く仕上げる習慣を身につけることである。スケジュール表を作成していくと重要でない仕事や、やらなくてもよい仕事に時間を掛けすぎてないか見えてくる。

・報告書には事実のみを記入する

報告書は、スケジュラー（又は日報）と同時に記入した方がよい。報告書は、会社の目標達成に関係するものと、お客さんからの相談事項や、クレームなどのイレギュラーなどを記入し、それ以外はスケジュール表あるいは日報に、流れとして記入させることである。
例えば、スケジュール表に記入される訪問先や、仕事の内容が定型的なものであれば、訪問したことのみを記入し、報告書に書く必要はなくスケジュール表で充分である。

クレームや仕事の遅延、仕事のミスについての報告書の書き方も訓練する必要がある。自分の失敗をカムフラージュし、「何事も無かった」ように書いてある報告書がある。「相手が悪い」ように書いてある報告書がある。それでは、判断を間違える。
例えば、納期の時間を間違えて納品したとしよう。報告書を読むと「先方が変更を要求してきた」とか、先方も逆に「タイムリーで良い時間であった」と喜んでいた、とかの報告書を受けたとしても意味がない。事実を書かないと、後の対処を間違える上に今後の反省にも活かせない、同じ失敗を重ねてしまいかねない。報告書は事実をありのままに簡潔にである。報告書に自己判断や、自己都合を入れてはいけない。

社員を支配的に管理すると、目標達成に関係ない自分に都合の良いことだけを報告し、都合の悪いことは報告しないようになってしまう。時間の効率が悪くなるばかりでなく、本来の仕事である目標達成を意識した仕事が見えなくなってしまう。やがてそれは社風

（企業風土）になってしまう。

スケジュール表は、前月末に翌月分を作成し、週間ごとに確認しながら時間を本人で管理することである。時間を無駄に使わず、業績を上げる為である。スケジュール表を作成しないと、重要でない簡単なものや目の前にあるものを優先してしまい大事な物を後回ししてしまう。残業を繰り返すだけであり、生産性も低くなる。

寄り道

報告書は事実をありのままに

報告書は簡潔に5W1H（誰が、何時、何処で、何を、何故、どのように）を意識して書くと相手に伝わりやすい。学校で習った通りである。

あるいは、企画書、計画書などは、起承転結を頭に思い浮かべながら書くと文章もまとまり読みやすい。また無駄なことを書かないことであり、必要なことを最小限に伝わりやすく書くことである。無駄なことを書く分時間も無駄になる。

無駄なことを一杯書いて経営幹部に良く書いたと褒められる会社はおかしいし、不要な資料を報告書に沢山つけて廻すのもおかしい。本人もこれが重要な仕事の一部だと勘違いしてしまう。目標に役立つ必要なものを選択して廻すことを上司は教えることである。

◆コミュニケーションが良くないと情報は伝わらない

お客さんとのコミュニケーションの基本は、相手が理解できる言葉を使うことである。専門用語を使うにしても、相手がどれくらい理解できているか気を配る必要がある。相手が理解できない言葉で話されても、相手は次からは会う気にもならなくなる。

コミュニケーションと情報の伝達は違う。いかに情報をコミュニケーションに乗せ相手に届けるかである。コミュニケーションが悪いと情報が間違って伝わってしまう。

例えば、決算書の話をするときに相手が経験の浅い経営者、あるいは技術系の経営者で工業系の現場出身だと、貸借対照表と言っただけで理解不能に陥ることがある。丁寧に説明し理解させないといけない。相手が経理関係出身の社長なら利益や経営分析の話から入っていける。相手に合った話の組み立てが必要である。ただ経理が解る経理出身の社長であっても経理の全てに強い訳ではない。経理に強いのは特性の一つであり、経営に活かせないと何の意味もない。相手に合わせるコミュニケーションも必要である。

命令系統のコミュニケーションは上から下への伝達事項であるかもしれないが、人は、自分が聞きたいこと、自分が経験したことしか理解できないといわれており、上から下へのコミュニケーションよりも、下から上へのコミュニケーションの常態を構築した方が理解が早まる。コミュニケーションは受ける側の経験や理解力により成り立つからである。上から下への命令伝達事項と同じように、現場に足をおいている下から上への相談も大事である。

相互理解のコミュニケーションは下から上へである。下から上へのコミュニケーションの切り出しは、定型の報告書やそれに近いメモ用紙を使用することがよい。上司への連絡ボックスを設置し、それを先に入れて置くことにより、上司の時間に合わせた相談ができるようになる。仕事のコミュニケーションは、経営目標に基づいた業績の向上、お客さんへの貢献を基盤としなければならない。

社員同士のヨコのコミュニケーションも大事である。上司とのコミュニケーションは、緊張するが、同僚との仕事に関するコミュニケーションは気を抜きがちである。あるいはアイツとは気が合わないといって話もしない社員がいればとんでも無いことである。ビジネスの基本を知ってないことになる。コミュニケーションは、チームを形成する上で必要でありチームワークの内容は、会社の経営方針が中心でありお客さんへの貢献が中心とならなければならない。決して自分中心のコミュニケーションではない。

・コミュニケーションには限界がある。波長を合わすことも大事である

仕事の経歴や能力の差から、用語の意味や情報の内容や専門用語の使い方が解らなかったり、伝達の仕方が下手だったり、自分に都合の悪い情報は、カムフラージュして伝えたりしてなかなか正確に伝わらない。そのような場合、簡潔化された定型の情報伝達マニュアルを作成し使うことである。いつの間にか情報伝達力が身に付いてくる。

コミュニケーションには限界があり、会社内の相手が誤解しそうな、仕事の情報や伝達が難しい場合は要件を抜き出して、メモ用紙で伝えた方が良い。コミュニケーションは、情報伝達の手段だけではなく、相手との潤滑油でもある。コミュニケーションが成立してないと正確な情報の伝達は難しい。

コミュニケーションは、相手の理解できる言葉を使わないと成立しない。自分ペースで自分の言葉だけを使っても相手に通じない。相手が何をどういう風に聞き取ったかを確認しながら話すのである。当社の商品やサービスを提供するにしても情報としてのコミュニケーションを上手に使う必要がある。情報の提供はコミュニケーションが成立し始めて可能となる。

コミュニケーションは、波長を合わすことも大事である。コミュニケーションができてる人とできてない人との会話にも伝わり方に差がある。ジョークを言ったときに、コミュニケーションができていると軽い笑いで済むが、コミュニケーションができてないとジョークでは済まないこともあることは、誰しも経験あることだろう。

寄り道

相談ボックスは、上司との潤滑油

社長は忙しい絶え間なく仕事が入ってくる、とぎれる間もない。いきなり「社長相談があります」と言って面会を求めても仕事の邪魔をするだけである。「相談ボックス」を設置すると良い。相談ボックスはその潤滑油としての繋ぎの役目もしてくれる。仕事の合間に目を通し要点を整理してから効率よく相談に乗ることができるからである。相談の内容は、会社の目標の達成を根底にした現場でのイレギュラーに発生した対策の相談とは限らない。

会社はチームである

会社はチームであり会社自らの目標を達成するためには、組織を必要とする。そこにはチームワークが成立してないといけない。チームワークが形成されてないと目標達成どころか、会社経営が立ち行かなくなる。

会社はチームである。個性のある一人ひとりの社員を一つにまとめ、同じ経営目標に向かって行動することが会社経営の成功の可否を握る。会社は、明確なる目標を掲げなければならない。社員もその目標に沿った行動と個人としての目標を必要とする。経営者には、そのチームをまとめ目標に向かうリーダーシップも求められる。

目標は、社員の末端まで明らかにし、個々の役割や立ち位置を理解させる必要がある。しかも他の社員との協力関係や能力や経験に応じた、仕事のバランスや本人の強みに合った仕事の方法も考えなければならない、その結果の評価も必要とする。

会社というチームに完璧はないかもしれないが、ミスを少なくし業績が大きくなるように設計することである

会社のチームワーク形成の根底にあるのは、同じ目標に向かって行動し思考する経営

行動であり、人間的な営みによって成り立つ。会社にチームワークができ、事業として構築されるまでに多少の時間は掛かる。短期間で出来あがるものではない、チームには信頼関係が必要である。チームでは相手がどの程度の力を持っているかを理解し、仕事を教え互いに貢献し合うことが必要である。互いに理解し合うことによって業績も大きくなる。

チームワーク力が高いと伝達も理解も早い。会議時間も少なくて済む。生産力も上がり、残業を少なくするきっかけにもなる。

・チームワークの形成は、会社が目標を達成する上でなくてはならない

会社は上下関係を必要とする。同じ目標に向かって進むチームとしての上下関係である。上下関係はその目標を達成する手段の一つである。

会社における人間関係は、人付き合いが良いとか悪いとかの問題ではない、人付き合いが良いことは本人の特性かもしれないが、企業における人間関係は、同じ目標に向かって行動する集団でなければならない、コミュニケーションもチームワークもこの経営目標を基盤としなければならない。

話が合わない。同じ目標を見ていても話が合わないときがある。個人の持つ性格や目標を達成する方法に違いがある場合である、どちらが正しい正しくないではなく相手を理解することも大切である。同じ目標に向かっている過程で互いに協力しあえる体制の中で会社の目標達成の為の最良の方法を見つけることである。その為には意識的に波長を合わすことも必要であり、それによりいつの間にか波長も合ってくる。

チームワークは崩れやすい。経営者は自ら自分の気に入らない社員を気の向くままに怒鳴り個人攻撃してはいけない。社長と社員の間には天と地の開きがあり、社員はどうしても弱い立場にある。そこを絶対に勘違いしてはいけないのである。社員はそこを見抜いている。

会社の目標は、お客さんや社会の発展や豊かさの貢献に沿うものでなければならない。自社中心の発展の目標は、社会から弾かれることになりかねない。そのことを社長も社員も肝に刻んでおく必要がある。その為の会社経営であり働く価値も出て来る。決して我が社だけの社員だけの利益中心ではない。そこには企業もチームワークも育たない。

お客さんや他の社員の個人的な悪口を絶対に言わない言わせない。これもルールとして決めておく。他人の悪口は伝染しやすくチームワークも形成しにくくなる。自分の至らなさを相手に転嫁してしまう。チームワークは、会社が目標を達成するうえで無くてはならない戦力である。

トラブルは、小さな積み重ねから始まりある日突然爆発する。多くは個人の能力が発揮されない、あるいは仕事に馴染めない、自分がないがしろにされていると思っている場合に起こる。それをカバーするのがチームである。会社という組織の中にチームワークが形成されないと会社は発展しない。

◆社内旅行は大騒ぎのピクニック

本土の会社の社内旅行は、日頃の疲れを癒す慰安旅行であるようだが、沖縄の場合は、大騒ぎのピクニックである。旅行の計画は、社員の中から担当を決め任せた方がスムーズにいく。社長は自分の経験をアドバイスするだけである。決して社長が行きたいところを決めてはいけない。社長が決めた計画の社員旅行はどこかで不満が出て来て逆効果となる。数か月前から行程を立て旅行の担当者を2人程度決め、社長は後ろからついて行くだけである。沖縄の社員旅行はこれが普通であり正解である。

第5章

事業を改善し良い会社にする

1 外部からの小さなイノベーション

◆取り扱う商品やサービスの小さな改良改善を小さなイノベーションという

中小企業小企業のイノベーションは、現在取り扱っている商品やサービスは、いずれ時代の流れと共にデザイン性や効率性も悪くなり、あるいはお客さんの要求に応えられずに陳腐化していく。企業は、陳腐化するまで商品やサービスを取り扱っていると、お客さんに飽きられ、お客さんを失ってしまう。お客さんを失う前に商品やサービスをレベルアップしあるいは時代に合った商品やサービスにしていこうというものです。

商品やサービスの新しい販売宣伝作戦と、イノベーションは違います。イノベーションは、現に取り扱っている商品やサービスを提供販売している過程で陰りはないか、企業が知らないうちに、他の効率の良い優れた商品やサービスが出回ってないか、あるいは出る気配がないかを察知して、今やっている商品やサービスの提供を見直したり、新しい商品やサービスを開発したり、いち早く新しい技術を取りいれたりしながら、商品やサービスに磨きをかけることを言います。または取り扱っている商品やサービスを、新しい需要のお客さんへ提供できないか、新しい仕事や、新しいお客さんを生み出すことも市場のイノベーションです。

時代に合わない仕事を見つけ出し、効率の悪い手順を見つけ出し、時代に合わなくなった仕組みや機械を捨て、時代に合う効率の良い機械や効率の良い仕事に代えることもイノベーションである。何も新しい他の仕事へ転換することではない。小さなイノベーションを積み重ねることが企業発展の基本なのです。

今まで時代の先を行っていた仕事でも、いつの間にか取り残されていたというのもよくあることです。とにかく時代の流れは速い、時代の変化は社外で先に起こる。自社の経営に関係するのアンテナを張り巡らすことである。時代の要求するものを取り入れないと時代に取り残される。事業改革に情報の収集は欠かせない。

自社の事業でお客さんから、困ったとかもっと便利なものはないかとか、あれがあれば良いのにとかの声がないか、法律の規制を超えることは出来ないが、その範囲内で解決できないか、それを常態として提供し事業の中に組み込めないかである。

事業改善は、お客さんや市場の行動、新聞や役所からの情報、中央からの情報を聴き取り当社に関係するものはないか読み取ることである。

事業改革は、企業外部の分析の結果から必然的に生じた改革である。事業改革は、建設業から介護事業へでもなければ、運送業からホテル業へでもない。新築専門の建築業から本業を残しながらリフォーム業への進出、タクシー業の本業を残しながら代行業への進出、他の旅行会社が根を張る他市町村への営業所の進出などである。その為には、免許の問題とか業界のタブーを乗り越える必要があるかもしれないが、そのことがお客さんや市場の要求するものであり、より良い商品やサービスを提供するものであればためらう必要はない、障害物がなければ積極的に打って出るべきであり、あれば取り除くだけである。それがお客さんへの貢献である。

寄り道

地元の沖縄そば屋さんも味と売り方の研究を！

沖縄そば屋を開店した他県から移住してきた店主がいる。地元客や観光客でいつも一杯している。一方地元で長年同じ味で商売しているがあまり流行ってない沖縄そば屋さんがある。この両者の違いは研究心の違いであった。他県から移住してきた店主は沖縄の南から北までの沖縄そばを食べ歩いたそうである。かつお味、醤油味、太麺、縮れ麺、乗せる具の種類まで全て調べてメモし徹底的に調べ自分なりの沖縄そばを完成させたそうである。店舗まで古風沖縄であり、しかも売り切れごめんの限定食である。あまり流行ってない店の店主にそのことを話したら、人の味を盗みに行くようで嫌だといわれ今まで通りのやり方で行くということである。もちろんこれ以上何も言えないが、沖縄そば屋さんといえどもお客さんが好む味の研究ぐらいは常にしてもらいたいものである。閑古鳥が増えるだけである。

◆中小企業小企業のお客さんは同一地域からのお客さんが多い

あるデータによると、小規模事業者の約7割が、同一市町村からのお客さんが最も多いということである。確かに○○市にある事業者は○○市で事業を展開した方がやり易い、隣の□□市に市場を広げるには多少抵抗がある。しかし市場を広げないと売上の増大は望めないのも事実である。その為にはまず当社の存する○○市で営業活動を深耕し知名度を充分に高めておく必要があり、足元を固めてからの他市町村へ展開した方が、知名度が低いときより成功率が高いのはいうまでもない。

同一市長村中心の事業を、近隣の他の市町村へ積極的に展開することもイノベーションである。場所の遠近も規模の大小も関係ない。自社の優れた付加価値の高い商品やサービスを多くのお客さんに利用してもらうことである。

寄り道

沖縄鉄道（軽便鉄道）よ再び！

沖縄の鉄軌道が2020年以後に着工予定、約２０年間の歳月を掛けて那覇から名護までを総工費数千億円を費やして完成させるそうである。

ルートは、４案あり未だ正式には決まってないようであるが、もし鉄軌道が中部東ルートを通り完成するとると那覇〜うるま市間が約30分、那覇〜名護間が約１時間前後と試算されているようである。

鉄軌道に伴う経済的効果は、渋滞の緩和や通勤時間の短縮だけではない。まず建設業者に対する経済的効果、鉄道業で働く雇用効果を生み出す。次に観光に対する効果も大きい。鉄軌道を利用し、まだ観光したことのない沖縄県内の行きたい所へどこへでも短時間で行ける。次に観光客の増加により駅周辺や観光地の地元の商店がにぎわうことになる。その他沖縄経済全体に多大に貢献することは疑いのないことである。

◆時代の流れは急激である

時代は流れている。しかも早い、時代の流れをつかむ情報を張り巡らすことである。新しいものには、解決しなければならない問題や障害がついて回る。それを克服する為の技術や時間の使い方も大事である。

商品やサービス、事業には、ライフサイクルがある。導入期、成長期、成熟期、撤退期である。人と同じである。撤退期が大事であり、売れない商品やサービスに何時までも縋っておく訳にはいかないのである。撤退期を察知したら次の商品やサービスに変更し、事業のスタイルや仕組みも変えないといけなくなる。

市場を見たときも、市場にもライフサイクルがある。当社の商品やサービスも市場のライフサイクルに合わすのであり、ある商品やサービスが売れなくなったとき別の商品やサービスが売れ始めてないか注視する必要もある。

仕事にはタイミングもついて回る。流行の時期、多く売れる時間帯、高く売れる時期、安く仕入れることが出来るタイミング、事業にとって一番有利なタイミングを図ることも業績向上には欠かせない。
データを取って定型化することにより、これらはある程度把握できる。例えばまとめて購入すると安いが、購入しすぎると在庫として残ったり、資金繰りが悪くなったりしないか、年間の内売れる季節はいつか、１週間の内に売れる曜日や時間帯はいつか、記録を残し人員の配置や商品などの準備を、データを記録することにより効率的に使うことができる。

寄り道

時代は流れる

数十年前、島のあちらこちらに、ガラス屋さん、アルミ屋さん、タタミ屋さんが多かったが、時代の流れと共に、ガラス屋さんは木造建築からコンクリート建築への生活様式の変化と共に、室内のふすまや伽藍の需要が減少するにつれ、硝子屋さんも大きく減少した。アルミ屋さんも加工工場を構え大々的に投資をして大いににぎわっていたが、加工をあまり要しない安い県外産の規格品の進出により次第に減少していった。タタミ屋さんも和風から洋風に建築様式が変わるにつれ減少していった。時代の流れであろうか。

2 事業内部改善は現在事業の延長線上にある

◆事業内部改善は現在行っている事業の生産性の改善である

事業内部改善とは、現在行っている事業内での改善、同じ技術内での改善、同じ市場内でのプラスアルファの改善であり、扱ったこともないような全く違う商品やサービス、全く違う技術、全く違う市場への進出ではなく、現在行っている事業の延長線上の改善である。他の事業を取り入れるのではなく、新しい事業への転換でもない、現在行っている事業の生産性を上げるための改善である。

時代の流れや年期と共に、あるいは使っていくうちに完璧と思われていたものもいずれ変化し完璧でなくなる。世の中に完璧であり続けるものはありえない。事業改善は、その完璧でない商品やサービスを補う為のものでもある。基礎的行動規範を徹底するだけでも、内部改善されお客さんに良い雰囲気を与えることができる。良い雰囲気が続くとやがて社風となる。

◆事業をやっていて今までとは市場が、何かが違うことを感じ取る

時代に合わない古い考えを捨て、古い事業計画を捨て、時代に合うもの、お客さんが要求する新しいものを進める。集中するとアイデアはいくらでも湧いてくる。もちろんアイデアの取捨選択は必要である。古いものに拘わっていたり、時間がないではすまされない、問題は、古い考えや古いものを捨て、新しいものや新しい技術を取り入れる勇気である。それを実行する勇気である。

新しいものが見えず、あるいは見ようとせず、いつまでも過去の栄光に縋っていると、いつの間にか取り残されてしまう。ライバルは遙か彼方ということにも成りかねない。

何か仕事の違和感、何か手遅れ感、聞いたことのない業界用語が出て来ると早急に情報収集し分析することである。

寄り道

飲食店の味の良さは最低条件

　ある弁当屋さんの話である。社長曰く弁当屋に限らず飲食店（特に沖縄そば、ラーメン、天ぷら店など）にとって一番大事なものは味だそうである。味の善し悪しは最低の条件であり、最高の味を極めるまでは、お店を出してはならないそうである。沖縄県民は、意外と味に厳しく、少しでもまずいと感じると二度と来なくなるし、美味しいと感じると何度でも来てくれると言うことである。まず味が美味しいのは当たり前の基礎の基礎であり議論の余地はなく、それがないと店舗が大きくなることも長続きすることもないと言うことである。持ち帰り弁当屋の場合、味だけでなく利便性も大事であり駐車場は小さくても、出勤時に車通りの多いことが条件であると言うことである。これに対し沖縄そば、ラーメン店等は駐車場は、ある程度大きくないと味がいくら良くてもお客さんが入りたくても入れないということである。

内部イノベーションは、今ある自社の経営の延長線上で、今ある技術やノウハウを駆使して、自社の強みや特徴を発揮し、同業異種の新しい仕事を参考にしたり、付け加えたりすることは出来ないか？　視点を変えて考えて見ることである。

イノベーションは、必ずしも新商品や新サービスの開発、発明だけではない、新しい仕事への応用や効率性の高い手順への変更なども含まれ、今まで以上の効率の良さが認められ、売上増、コスト減、利益の増大をもたらすものも含まれる。事業をどう改善していくか、これが大事なのです。

市場の中でくすぶり続けているが眠っている需要がないか？　仕事の中でお客さんからこういうことが出来ないか質問されたことがないか？　あるいは困っている話を聞いたことがないか？　その中に我が社ができることが隠れてないか、数多くの同じような事象が存在するのであれば、事業化でき、本業の活性化にならないか考えるに値する。

◆会社内部からの小さなイノベーションは、小手調べ程度から始める

市場からの要求は、少しの時間も待たず常に変わっていく、常に新しい技術や機械が外部から情報として入ってくる。新しい技術や機械は、市場が要求するものであるか、採算性は合うのか、成功したときの発展性や継続性はどれくらいか、失敗したときの金額の損失はどれくらいか、顧客に対する影響度はどの程度か？　をある程度調べておく必要がある。そしてコストを掛けずに、少しずつ、小手調べ程度から始めることである。

大きな手応えがあり成功するのが確実であれば、大胆に乗り出すし、手応えがなければ

ば様子を見るか、しばらく様子を見てこれ以上の手応えがなければ取りやめることも考えることである。このときに目安になるのが月次決算から出る数字である。数字はウソをつかない、決断の資料を与えてくれる。数字が大きく伸びてその分利益も出ているときは良いが、売上が伸びても利益が出てないときや、思ったより数字が小さいときや、赤字を計上したときは、原因を分析する必要がある。撤退する勇気も必要である。会社の現状から見て手に負えない仕事や、お客さんや社会からの要求が小さく、投資の割に合わない仕事であれば、大けがを負わないうちに早めに撤退することも選択肢である。

寄り道

少し頭を使っただけ

　ある祭り会場での風船売りのバイト生の話である。そのバイト生は、他のバイト生が誰かれ構わず声掛けて「数打ちゃ当たる」方式で売っていたのに対し、ターゲットを絞ったそうである。「お孫さん連れのお爺ちゃんお婆ちゃん」を特に選んで声を掛けたら、沢山売れたそうである。本人のとった作戦は、少ししゃがみ孫に目線を向け風船を揺らすとお孫さんが手を出して風船をほしがり、後からお爺ちゃんお婆ちゃんが代金を支払ってくれるということである。お爺ちゃんお婆ちゃんにとって孫は可愛いようである。

3 基礎的行動規範

◆基礎的行動規範は会社発展の入口である

基礎的行動規範とは、礼儀（挨拶、身だしなみ、言葉使い）のことです。基礎的行動規範は社員を採用する前から既に身に付いている人もいるが、中小企業小企業においては、残念ながら基礎的行動規範の高い人は、大企業の採用割合ほど高くない。採用したらまず仕事を覚えて貰うことと同時に、基礎力を高める事から始めることになる。その為には、挨拶などの毎日の基礎的行動が身に付き、自然に行動できるまで徹底する必要がある。

会社にとって挨拶などの基礎的行動が出来ることは、お客さんに対し良い商品良いサービスを提供するための前提なのです。お客さんにとって安心し信頼できる社員を育てるために必要だから基礎力を付けて貰うのです。それは本人にとっても社会人としての人格形成の向上にも役立つものでもあるのです。

基礎的行動規範は、普通の人を出来る企業人に仕上げ、社会人としての心構えを失わさせない為に効果的です。

一流の挨拶や身だしなみや言葉使いは、間違いなく会社の業績の向上につながります。基礎的行動規範には、約束を守ることや身の回りの片付けを徹底することも、会社の行動規範として決めるとより効果が上がります。

経営理念や経営基本方針を共有し社内に浸透させるためにも、基礎的行動規範はなくてはならないものです。基礎的行動規範の上に経営理念や経営基本方針が成り立つのです。

電話受付は、企業の入口であり顔であり、軽く考えてはいけない。電話での受付は、まず会社名を名乗り次に必ず名前を名乗ることである。名乗ることにより電話口の相手に安心感と親密感を与えることが出来、僅かの間かもしれないが信頼関係を築くことが出来る。

電話対応が会社の評価の善し悪しを決めてしまう場合も多い。商品やサービスに差がなければ、電話による対応で会社がお客さんからの評判を勝ち取る場合がある。年齢とか経験の差ではなく、電話対応の基礎研修を受け社風が良かったからである。お客さんは決して商品やサービスだけで会社を選んでいるのではない。

寄り道

何か心配事はないですか

ある葬儀屋さんの話である。告別式の流れや手順を説明した後に、「何か不明な点はないですか？」の質問に代えて、「何か心配事はないですか？」に一人の担当者が質問を代えたところ、その後の仕事の段取りがスムーズにいったそうです。通常、企業の営業マンは自分の商品やサービスを説明したら、こと終わりとするが、この担当者は最後にその一言を添えて話を聞いてあげることにしたそうです。この「何か心配事はないですか？」の問いは主人を亡くした喪主にとって、今後の人生のこと、子供達のことと心配と不安だらけです。この「何か心配事はないですか？」の問いは喪主にとって神の声であったようです。

4 新規事業

新規事業は現事業が安定し資金力にメドがついてから始める

新規事業は、既存事業の片手間で出来るほど甘くないし、簡単でもない。むしろ失敗の確率が高い。建設業者が、介護事業とかレストランとかを始めるとすると、建設業専門でやってきた人は、介護事業やレストランに全く知識がないノウハウがない。今までやってきた建設業のイメージを抑え、物から人へ、商売の相手が変わるのであるから、そう簡単にはいかない。介護の知識あふれる人材を採用し任せるにしても、重要な意思決定や重要な判断は、社長自らしないといけない、経営者が現場に熟知していなくても仕事がうまく回るか、チームワークがうまく組めるかの疑問点も残る。レストランにしても然りである。料理の味、食材の仕入れ、効率のいい宣伝活動などの戦略の決定、コック長との連携、全く違う世界である。
もし新規事業をどうしても興したいのであれば、豊富な財力があり多少失敗しても本業に響かない程度の規模で始めることである。間違っても１００％の銀行借入れで開始しないことである。気を付けるべきは、資金力が豊富だと、あまりリサーチせずに、別業種の将来性の低い仕事や、博打性の強い仕事に手を出して失敗することも少なくない、関連性の無い別業種への進出で本体を弱体化させないことです。

世の中で何かが新しく流行り出すと、いち早く遅れんばかりにその事業に飛びつく人がいる。儲かるという噂を聞いてすぐに飛びつく人がいる。先発する企業が利益をあげていると聞いて、あるいは行列を見て追随し失敗するケースも多い。その市場に何のノウハウや特性も持たずに、何の根拠もないまま参入する。そして投資したコストも回収できずに閉鎖する。多額の資金を要する新規事業へ参入するときは、石橋をたたくつもりで、その事業の将来性を調べ上げることである。既に下火になっている場合もある、噂だけが誇大に広がっている場合もある。専門知識やノウハウも必要とする場合も多い、箱物だけを先に作っても借金を負うだけである。過去においては、何件かの岩盤浴の開設例がある。一時大流行した岩盤浴であったが多くの業者が開業後間もなく閉業した。

一過性の流行りなのか、これからも需要が続くのか、慎重を期す事である。
企業は大きくなると数多くの業種に手を出そうとするが、大きくなることは目的ではない、経営者の自己満足を満たすことが目的ではない、企業は活動を通して社会に貢献することが目的であり、自社の強みである本業を見失わないことである。

寄り道

沖縄自体が観光の目玉商品

民泊事業が増えつつある。海外や県外からの観光客の急増により一般の民家に宿泊を体験したい観光客も多くいるそうである。沖縄らしい旅の味わいを提供する為の民泊事業は今後増えることが期待できる。まだまだ消防面、衛生面や面積基準などの法的な整備が遅れているように思える民泊業界であるが、観光客が増えるであろう今後の沖縄の観光の目玉の一つになりそうである。民泊業界への参入も情報収集はもちろんのこと、法整備に対応し、ネットワークを早めに築き、実績を上げる必要がある。その為には早期の進出の決断と真摯な態度が発展の一歩である。懸念材料は今後も沖縄の魅力を、海外や県外に発信し続けることが出来るかどうかである。

5 仕事の効率化を考える

◆人は昨日と同じ仕事を今日もやろうとする

人は昨日と同じような仕事を無意識のうちに同じ方法でやろうとする。そして形として残そうとする。昨日から引き継いだ今日の仕事は、お客さんに役立っているのか、意味のある仕事なのか、あまり考えない。昨日と同じ仕事をやり続けると仕事の量が増えるだけである。残すべき仕事なのか？　残すべき書類なのか？　次に使えるものなのか？　再び見ることはないものや残す意味のないものではないか？　仕事の効率化、単純化は意味のない昨日からの仕事を見直してみることである。

昨日まで役立った仕事であっても、もはや時代に合わない過去の仕事であれば思い切って止めてみることである。思い起こせばいくらでもある。机の中の古い書類、何年も使ったことのない機材、経歴の長い社員ほど多くのしがらみの仕事を抱えている。思い切って中止してみることである。特に支障がなければ廃止し、その時間を生産性の高い仕事に振り向けることである。

こういう経験は無いだろうか？　同じメーカーより同じ近い時期に購入した機械が、他の業者の方が当社のものより安いとか、時代が紙での取引や契約でなくメールに代わっていたとか、新入社員が手にしているパソコンの方が同じパソコンであっても性能が高いとか、購入時最高の性能を誇っていた機械が、2～3年も経たないうちに他にもっとコンパクトで性能の高い機械に代わっていたとか。時代の流れが早い現代社会では、常に有益な情報を早く手にする必要がある。そうでないと売れ残りの機械を購入してしまう危険性がある。

問題は、陰りは多少見えるがこれからも役立つ仕事なのか？　あと何年程度必要とされるのか？　早く見極めることである。裏では既に便利で安いものが出回っていることが多い。

◆仕事の効率性はチームワークの形成度からも影響を受ける

仕事の効率性は、チームワークの形成度にも影響される。チームワークができているとお互いカバーしながら、教えながらより良い状況に持っていこうとする意識が自然に働くが、それが形成されてないと、暗いギスギスした職場に、生産性の低い職場になってしまう。

仕事の効率化は、会社組織の複雑さとも関係してくる。沖縄式ピラミッド型は、名ばかりになっている場合が多く、手が空いていても、これはあれの仕事、あれはこれの仕事と言って先に進まないこともあるので、組織は単純化することである。この沖縄式ピラミッド型の組織は、チームワーク力を高めることにより、より生産性を高めることができる。

◆新しい仕事への取り組み

新しい仕事に取り組むとき、価値ある仕事なのか、今後も社会に受け入れられるのか？　充分に検討しないといけない。更に取り組んではみたものの思うように成果があがらないことがある。新しい仕事に簡単なものはない。仕事の手順や指図書の作成も手探りであり、充分な市場調査や他の業者が簡単に追随してこないか？　他社よりも先にい

寄り道

沖縄の組織は２段天秤型

沖縄式ピラミッド組織とは、形は社長を頂点としたピラミッド組織であり、副社長や専務などの役職もあり、組織図も会社によっては壁に貼付されている、実際の現場は、社長を中心とした天秤型、あるいは社長の相談役としての役割が強い専務がいる２段天秤型が主である。社長含め全体のチームワークができてないと効率も悪くなる。

けるか？　当社より先を行ってる会社はないか？　同業者の動向も研究する必要がある。

◆仕事の密度と余裕時間

一日に一つの仕事を与え、就業時間一杯の8時間でようやく仕上げる社員がいる。同じ分量の同じ仕事を4時間で終わらす社員がいる。しかし放置していると、4時間で仕上げることが出来る社員も8時間を掛けて仕上げるようになる。4時間で仕上げる社員については、レベルの高い次の段階の仕事を与えた方が時間当たりの生産性も良くなる。その差が明らかに大きい時は待遇に表れることは当然である。

仕事を与えるときは、8時間勤務の社員については、その1割程度の余裕時間を与えた方がよい。仕事の段取りとか工夫する時間も必要である。そして個人的に集中して仕事ができる社風を作り上げることである。その方が結果的にミスも少なく良い結果を残せるからである。

◆時間の節約と無駄

時間の節約を妨げるいくつかの問題点がある。

一つ目は、手順書やマニュアルの陳腐化である。これは時間の節約どころか、時間の無駄になってしまう場合がある。手順書やマニュアルの見直しの怠慢による時間の無駄の発生である。新システムや新機械の導入や法律の改正による現場での仕事の変化に、手順書やマニュアルが追いついてない場合である。マニュアルは作ったその日から陳腐化する。常にメンテナンスを要する。

二つ目は、事業所の整理整頓である。効率の良い事業所は、作業所も倉庫も片付いているし、事務所の机の中も上も周りも片付いている。道具を置く場所も仕舞う場所も決められている。物探しほど時間の無駄はない。

置く場所を決めてないと、出かけるときに携帯が無い財布が無い鍵が無い、ことはよく経験することである。

三つ目は、人手不足ならぬ過剰人員による時間の無駄である。人が多いと余計なことが増えたり、余った時間で人の仕事をじゃましてしまうことがある。少人数の方がうまくいくことも多い。人が多いと連絡回数も多くなり、集中の時間も他の人が気になってしまう。

社員を1人だけ多めに採用しておくことは悪いことではない。誰かが休んだときや忙しいときの手助けにもなる。欠員が出たときもスムーズに後埋めができる。多すぎず少なすぎずである。

四つ目は会議の時間である。仕事の会議は必要不可欠である。短い時間で打合せし連絡し問題点を共有し解決した方がよい。会議は長ければ良いと言うものではない。短い時間で決め、会議の時間内で目的とする議題をどう

寄り道

会議は情報を共有する場

会議は、個人の不満や感情を述べる所ではない。目標を再確認したり、現場の状況を報告し改善したり、お客さんへの貢献や会社の発展に関わる事柄を決めたり、問題点やクレームを報告し解決したり、情報を共有する場である。それは組織としてのチーム力を高め、最終的にはお客さんの貢献に役立つ行動を話し合う場である。決して不平不満をぶつける場ではないし相手を誹謗中傷する場でもない。そこからは生産的なことは何も生まれてこない。

解決し伝えるかである。会議は会社の経営理念や経営方針から外れてはいけない。会議が紛糾したときはそこに立ち返ることであり、会社の理念や経営方針に合っているかである。それはお客さんに役立つことであり、自分の損得ではない。会議はテーマをはっきりさせ手順表にそって遂行した方が良い。テーマが無ければわざわざ拾ってこないことである。テーマはお客さんに貢献することに結びつくものが中心であり、クレームの対処方法、新規のお客さんの報告やルート、新しく購入した機械の使い勝手など皆で共有が必要なものである。

◆時間の管理

時間の管理は上司が管理するものでもない。自らの時間の管理である。時間の管理は難しいものではない。1ヶ月単位の計画表（スケジュラー）に記録し、常にフィードバックすることである。もちろん全てが計画通り進む訳ではないが1月単位の行動計画が目に見えてくる。経営者と言われる人ほど仕事に関係ない時間も増えてくる。時間を管理しないと時間に振り回されるだけである。時間がない。時間が足りない。時間が余ることはない。時間はいつも不足である。

◆経費や原価の節約

もはや必要としなくなった商品やサービスに未練を持ってはいけない。残り物を自分で、個人として使うのであればともかく、売り物にしてはいけない。投資してはいけない。過去のものが再び生き返る確率は低い。見切る次期を誤らないことである。時間を無駄にすることになる。会社にとってコストが掛かっているし勇気がいるかもしれないが先に延ばすほど余計なコストが発生してしまう。

6 人工知能（ＡＩ）社会はすぐにやって来る

◆ＡＩ社会が経営構造を変える

近い将来、人工知能（ＡＩ）が、社会に普及することは、目に見えている。ＩＴ技術の進歩は早い。中小企業小企業の仕事にも使える、安くて高性能のコンピュータが世の中に誕生普及したのはつい最近のことである。そのことにより働く時間も大幅に短縮され、生産性も上がった。

次の世代に来るのが人手不足と高齢化を背景とした、人工知能（ＡＩ）の世代である。企業はこのＡＩが、社会に我が社にどのように係わってくるのか、注意深く観察する必要がありそうである。このＡＩを巧く会社に取り入れることが出来ないと、経済構造産業の変化に取り残される可能性が充分にある。

高齢化社会の人手不足解消や労働時間の短縮、競争力の強化、豊かな社会の実現の為に開発されるＡＩ産業に伴い新しい産業が生まれ、別の分野では逆に失業者を増加させる結果になる事も懸念される。

一般の中小企業小企業においては、自社に関係するＡＩに関する情報収集は欠かせない、ＩＴ関連の開発や人工知能（ＡＩ）の開発は農業、建設、観光、介護など多岐に渡る事が予想される。

政府もこの開発分野に積極的であり働く形やそれに伴う生活様式が大きく変わる可能性がある。企業としてはこの変化をチャンスと捉え対策の手を打つことである。

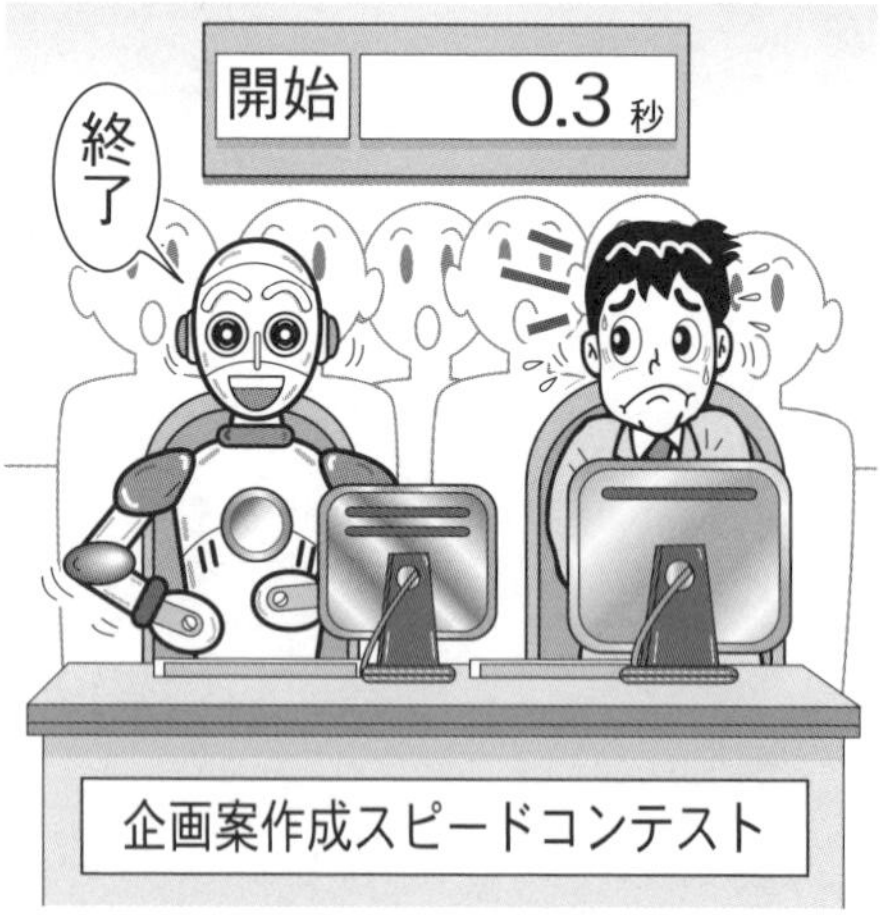

7 定期的社内会議

◆経営計画会議は経営方針を確認し経営戦略を確認し修正する場である

経営計画会議は、計画がどの程度進んでいるかについて確認する場である。計画の進捗状況は、全体で責任をもって確認することであり、個人の目標やノルマを追求する場になってしまうと、自分の責任のみを果たそうとして、個人主義がまかり通ってしまいう。計画の遂行は、全体を対象とすることであり、そのことにより、お互いの仕事に対する責任感や、情報の共有、仕事に対する粘り、後輩や新人に対する指導もでてくる。

情報を共有し、意思疎通を図り、協力関係を優先することにより互いを仲間として認識することが、権限による仕事の協力関係よりも強固である。

会議は定期的な集合面談の場であり、通知連絡報告の場であり、会社の目的に向かう意思疎通の場であり、チーム活性化の場でもある

会議は情報を共有する場であるが、情報には強弱がある。使えそうで使えない情報も数多くある。個人的に大問題と思ってる情報であっても、会社全体では簡単に片づくもの、大問題の議題と思っていても1人の社員のアイデアで片づくものもあるので、会議の混乱、無駄な長時間を避けるために、定型の会議表を使うと便利である。そのためには会議前から会議の議題に乗せるものなのか、会議で解決を要するものなのか、皆に知らせるべきものなのか、回覧しておくとよい。回覧提供者は経営者だけでなく、むしろ社員からの回覧提供の多い方が会議はより活性化する。議題に乗せるテーマが決まったら定型の会議表の「解決すべき提案事項」に記載し会議の議案とする。

◆定型の会議表の活用

定期的社内会議という名称が重たければ、ミーティング会議という名称でも良い。

本人の性格により報告の内容が異なったり表現方法が独特であったりすると、混乱を招いたり、理解するのに時間が掛かったりするので、報告書を定型化する。定期的会議

に要する時間は1時間以内をメドとする。
定型の会議表には、経営理念、経営方針を印刷し会議の前に唱和すると、経営理念、経営方針を忘れることがなくなる。

以下定型の会議表の例の図

日付　時間　～　今週の担当者名
一、瞑想1分
二、経営理念唱和
三、今週の提案事項
四、今週の計画と今月の計画
五、今週の各人の行動スケジュール
六、報告連絡事項
七、解決すべき提案事項

◆臨時的社内会議は目的を持って

会議を進めるにあたって基盤とすべきものは、会社の経営理念や経営基本方針から外れていないかである。そのため会議に入る前に経営理念や基本方針を唱和することもよい。

会議は、臨時的な会議にしろ、定期的な会議にしろ、議題となるテーマを明確にすることである。全社的な解決策を必要としない臨時的会議は開催しない方が良く、時間の無駄になることも多いからである。他の社員には回覧表により知らせることとする。

臨時的会議の開催は、担当者レベルで解決できない、しかも今後も頻発して発生する可能性が高く、自社に影響を与え、全社的に知らせる必要がある場合に限った方がよい。

会議の議題となるテーマは、予測される基本的あるいは原則的なテーマなのか？　予測不能な個別的あるいは例外的なテーマなのか？　分ける必要がある。

原則的基本的な問題であれば、発生防止策や解決方法をマニュアルに記載し、発生を少なくするようにし、あるいは担当者レベルで解決できるようにマニュアルを改定し、活用解決できるような仕組みを作ることである。

問題は、マニュアルで対処出来ない予測不能な個別的、例外的な問題の発生の場合である。当社が手にしてない、新商品や新サービス、新技術、当社に関係する法律の改正が急に派出してきたときである。

これらの問題点は、まず経営者の判断が優先され、付随的な細かい点を会議にて確認した方がよい。否定する余地が無いからである。新商品や新サービスの否定は後退を意味することになる。


会議を進める上で、議題となるテーマを説明し、他の意見や反対意見も聞くようにする、他の意見や質問が無ければ、意図的に疑問点や別の意見も投げかけるようにする。問題点を左から右に流さないようにである。寝ている頭を起こす為にである。

意見や質問が無ければ目的とするテーマに対する応答が、声の大きい一部の人に流されていないか？　事実と違う方法が示されていないか？　会社の方針に沿っているか？

この解決策は、成果の上がる方法なのか見極める必要がある。

自分の意見が絶対に正しく他の意見は受け付けない、ということにならないように他の意見も聞き、なぜそういう意見が出るのか突き止めないといけない。必ずしも自分が正しいとは限らないからである。人は自分の身の回りで起こったことしか知らないからである。まず相手の意見を聞き理解し、自分の意見と照合することである。その結果の解決策である。どの意見が正しいかではない。どの解決策が会社にとって最適であるかである。

8 マニュアルの改善とレベルアップ

◆マニュアルは現場中心に作成する

会社にはマニュアルが必要である。マニュアルの限度までは頑張って出来るようにしようとする経験の浅い社員、あるいはマニュアルを見なくても分かると言うベテラン社員、マニュアルに限界を感じ工夫して、マニュアルを超えてそれ以上に成果を上げようとする出来る社員がいる。会社に大きな成果をもたらしてくれる社員は、もちろん後者の方である。

この場合のできる社員からのフィードバックによる情報の公開は絶対である。皆が少しでも高く成果を上げることができるようにマニュアルをレベルアップに改正する必要があるからである。そうすることにより仕事のレベルアップとチームワークが保たれるからであり、マニュアルを改正しないと仕事にアンバランスが生じるからである。

マニュアルは、作成してから当てはめるのではなく、現場あってのマニュアルである。現場優先であり、仕事の基本に沿って作成するようにする。マニュアルありきではなく、実際の仕事の現場を映し出すように作成し、徐々に修正していく。修正するのは、マニュアルだけでなく、効率の悪い現場や事務の現場の場合もある。

マニュアルは、理想とする行動や基準が先行しすぎても、現場との摺り合わせに実態が伴わないと、マニュアルの意味がなくなる。また現場がマニュアルに従ってないと効率が悪くなったり、仲違いになったりする。マニュアルは、仕事の流れに沿って、手順を現場に合わせ、できるだけ短く解りやすく、箇条書きに作成する。仕事の完成までの時間と効率を良くし、出来上がる商品やサービスを均一に提供しようとするものであり、会社の目標の達成やチームワークの向上にも役立つものである。マニュアルは作ったその日から陳腐化していくものであることも忘れてはいけない。

◆マニュアルに向かないもの

マニュアルでは対処が難しいものがある。予測不能な個別的あるいは例外的な問題である。特に人に関係することが多い。クレームなどは高度な対処を要するため細かくマニュアル化すると失敗する確率が高い。

次に新商品やサービスが急に派出してきた場合である。マニュアル化できるものでなく経営者の決断によるところが大きい。

・会議開催マニュアル

定期的に開催される会議をスムーズに進めるために進行マニュアルを作成する。マニュアルの様式は、開催日、時間、定期的確認事項、必要とする報告連絡事項、前回の会議開催後、次の会議当日まで起こった出来事で、皆に知らせることにより、仕事がスムーズにいくものなどを忘れないように、マニュアルの中に組み込んでおく。又は、会議表に書き込んでマニュアル代わりに使う方法もある。

第6章

決算書の利益とキャッシュフロー

1 決算書は経営の羅針盤であり航海図である

◆羅針盤がないと勘と経験と度胸の経営になってしまう

決算書は、会社経営の羅針盤であり航海図である。経営の道筋のヒントを提供してくれるものであり、羅針盤という決算書がないと、大航海を自分の経験と勘だけで航海するようなものです。

決算書は、会社の社会的貢献という目的を達成するための手段として、月毎に正確に作成し、経営に月次決算書を活用し、自社の経営状況を数字で把握し、会社を継続発展させることに使うものである。

会社の経営活動が会社の目的に照らし正しいかどうか、経営を数字に置き換えた場合に適正な経営数字で運営されているか、経営目的から外れていないか、外れているとすれば何処を直したらよいか、月次決算は、経営活動の方向性のヒントを提供してくれる。月次決算は、ナンクルナイサの経営から、発展する会社への強烈な足固めの資料であり、羅針盤でもあるのです。

会計を特に月次決算を経営の羅針盤として使用するためには、キャッシュフローの考え方もプラスしないといけない。たとえ決算書上の利益は３００万円であっても、現預金は前期に比べ１００万円のマイナスである場合には、決算書の上では利益が算出されても、儲けたとは言えない。その原因は貸借対照表を見ると解明できる。利益もキャッシュもプラスになって始めて儲かったといえるのです。会計はその経営の結果を表現し、事実を伝えるのみです。会計という羅針盤は、会社経営の舵取りに使う為に道具としてあるのです。

利益の算出は、企業経営をする上では、絶対条件であり、キャッシュは増えても会計上損失であれば、やはり儲かったとはいえない。

企業は、経営上利益を算出し、将来のキャッシュの増加を確かなものにする必要がある。キャッシュフローは一時的に赤字でも、決算書上は利益を出し続ける必要がある。会計はその経営上の数字を明らかにし、勘や経験だけに頼るのでなく、経営のデータに基づいて経営を行うというものです。

2 会計は稼いだ利益を計算する為の必要性から生まれた

◆決算書を経営発展の道具に使わない手はない

会社の事業には、元々会計期間という概念は無いはずである。企業の誕生から消滅までの期間が事業期間であり、その期間後に残った金銭が企業の利益の総額であるはずである。この考え方は、中世の大航海時代の利益の計算方法には当てはまる。しかし現代社会の企業には当てはまらない。中世における大航海時代の会計は、船を調達し、海外へ出港し、財宝や物資を求め購入し、帰国した後に財宝などを売却し、船の賃借料や人件費等の経費を支払い残った金銭を利益として認識する方法である。

現代社会の企業会計には、中世の大航海時代の一航海期間を一会計期間とする計算方法は当てはまらない。現代社会の企業は、国の保護を受け、営業活動が保証されている。もし国の保護保証がなければ、国の維持、秩序もなく、略奪、詐欺などが行われ企業活動などが出来るはずもない。法律に基づき国の保護保証を受け営業活動をし、その結果企業に利益が出たら、利益の何%かを税金として納めるルールになっている。そのため法律で一年間を通常一会計期間として決算書が作成され、その期の利益が計算される。企業としては、その会計手法を経営発展の手段として使わない手はないのである。

3 決算書の経営活用の過去の状況

◆月次決算は社長の意思次第であり社長の姿である

今から約30年前の昭和の時代の話であるが、私の経験では、決算書を経営に活かすという発想はほとんどなかった。経理事務員は形としては存在していたが、それは名ばかりで、その仕事内容は、電話取り、買い物、集金、給与計算、その他会計事務所から指示された金銭出納帳の作成が主な仕事であり、経理事務は若い女性の仕事で結婚や出産を機に辞めていくのも普通であった。

事務の仕事は、ほとんどが手作業で月次決算までは手が回らなかったのが実状である。その後消費税が施行された平成の時代からコンピューター会計が一般企業に普及していき、先進企業においては月次決算が出来るようになった。月次決算が企業で経営改善や

経営計画の資料として重宝がられ、経理事務が貴重な存在として認められるようになったのはその後しばらくしてからである

当時月次決算をいち早く取り入れ、経営に活用した社長もいたが、月次決算はそのほとんどの会社では見向きもされなかった。決算書は、税務署の申告書の書類の一つ、あるいは銀行から借り入れする際の付属書類の一つ、という認識しかなかった。現在においては、関与する企業の約7割の社長が月次決算に興味を持ち、会社の実態把握に汗を流している。翌月決算もかなり普及してきた。

創業間もない社長に、損益計算書、貸借対照表の見方の説明をすることが多々あるが、借り方、貸し方や仕訳のことはよく理解できなくても、貸借対照表や損益計算書は少しの努力で読めるようになるものである。なんと言っても自分の会社であり、煩わしいとか、時間がないと言って見向きもしない訳にはいかないのである。会社を始めたら決算書を読めない解らないの、ナンクルナイサの経営では会社は継続しない。

月次決算書を翌月には作成し読みこなしている会社と、数ヶ月遅れの月次決算の作成で終わっている会社では、社長の顔つきが違う、落ち着きが違う、自信が違う、月次決算の出来ている会社は社長がしっかり腰を据えている。出来ていない会社はそわそわし落ち着きがなく、経営の話をしてもどこかかみ合わない。

月次決算が翌月に仕上がるかどうかは社長の考え一つである。経理担当者は悪くない。社長の考えを鏡として映しているだけである。

4 企業は利益の測定と財産の状況を把握するため決算書を必要とする

決算書には無駄な経費も入っている

企業は自らの損益の状況と財産の状況を知るために、損益計算書と貸借対照表を作成する。企業には、会社のこれらの決算書を会社発展の資料として使用してもらいたいが、同時にその中には、改善すべき無駄な経費も有益な経費も、経営活動の結果支出した経費として同じように混合して表示される。

決算書に隠された見えない経営の情報は、決算書の経営結果を表す経常利益を中心に改善すべき点を遡って見つけ出すことです。売上に貢献する経費なのか、無くてもよい経費ではないのか、もっと効率的な別の活動方法はないのかなどの視点で考えることも必要である。あるいは売上を中心とした全体的な経営計画作成の中で、予算と称して無駄な経費を計上し、予算消化の名目で支出してないかを見直してみる。

売上についても同じことがいえる。売れるべきチャンスが存在していたが、何らかの原因で逃してないか、その逃した額は決算書には反映されない。

◆月次決算を経営に取り入れる

事業を遂行し、会社を発展させるためには、月次決算で経営数字を把握し、経営に活かす事が必要不可欠となる。月次決算で経営数字を正しく知り、事業の発展に活用する事が、どうしても必要となる。月次決算で毎月の売上高を測り、粗利益率を知り、固定費の額を知り、それらを経営の現場と摺り合わせることにより、必要とされる売上高や粗利益の額が分かってくる。そして我が社の商品やサービスや経営計画は、これからも社会に受け入れられ、共に歩めるものなのかの検討も、机上に乗せることができる。

寄り道

月次決算は経営者を表現する

月次決算が翌月5日遅くとも10日以内に上がってこないと不安が出る社長がいる。経営状況が掴めないからである。当然の姿である。

月次決算を全く見ない社長がいる。見なくても解ると言うのである。本人曰く経営は数字ではない、頑張りであるという。このタイプの社長には時々ビジネスレターを通して現状を知らせるのが精一杯である。

5 損益計算書の構造

損益計算書をパーセントで表すと次の通りである。左右100%になるように借方貸方が構成される。

売上原価　30%	売　上　100%
固 定 費　60% (内人件費 30%) (内減価償却費10%)	
利　　益　10%	
合　　計 100%	合　計　100%

売　　上	100
売上原価	−30
粗 利 益	=70
固 定 費	−60
経常利益	=10

・売上とコストは連動しては発生しない。

◆売上を左右するもの

企業の社会貢献である売上の最大は、提供する商品やサービスの持つ力と会社の販売力や宣伝力そして市場の大きさで決まり、市場における会社の知名度や信頼度は、売上に大きく影響する。商品やサービスは、市場の大きさ以上に売れることはなく、提供する商品やサービスの持つ力以上に売れることもない。お客さん自ら喜んで購入してくれる商品やサービスの提供をすること、これが事業の根幹である。

企業は市場の選択も大事である。需要のない市場に、いくら自信のある良い商品やサービスで働き掛けても貢献できないし成果は少ない。

企業は立地条件も大事である。人通りの少ない静かな裏通りでよいのか、多少家賃が高くても表通りがよいのかの判断はその後の売上と利益を左右する。

・**市場から我が社を見る**

市場において、これからも売れる要素がある商品サービスなのかどうか？　良い商品や良いサービスを手に入れても、お客さんや社会が知らないと何の意味がない。会社で決めた販売戦略は機能しているか？　販売体制（チラシや知名度を含めて）は充実しているか？　他のライバル業者に市場をもっていかれてないか？　売値が高すぎてお客さ

寄り道

お客さんの不便は会社の価値を下げる

ある美容店の例である。一見（いちげん）のお客さんより女性の固定客が多いそうである。構えた店舗が、裏通りにある建物の２階部分で中はお洒落な設計であり、家賃は安いが、階段が丸い螺旋状の鉄骨で作った外からも昇り降りが見える階段である。お客さんは殆ど女性のお客さんである。開店後しばらくは利用していたお客さんも徐々に来なくなった。お店が衰退した原因は、はっきりしている。螺旋状の階段である。このお店はオープンすることを優先しすぎて、お客さんの利便性を忘れてしまっていたようである。お客さんにとって少しでも不便であると感じるものは排除しないといけない。

んから敬遠されてないか？

ライバル業者に劣る点はどこか客観的に分析してみる。ライバル会社は、残業が多いとか、人間の数が多いとかというのは我が社が劣る点ではない。最新設備の導入、新方式や新技術の導入速度、社員の教育訓練、組織としてのまとまりなどを研究し、他社の長所を取り入れ更に進化させ、他社がやってないお客さんが喜ぶことをやることも売上増になる。

それでもお客さんに認知されるまでは時間を要する。

社会には数多くの情報が氾濫している。いちいちその情報と向き合っていると時間がいくらあっても足りない。会社がどのような情報を必要としているか、選択を必要とする。目的にあわない情報は単なる雑音である。目的にあった情報はデータ化し、体系化し、当社の目的に合うよう整理しないと活用できない。

◆売上原価

コストが高いから高く売れる訳ではない。お客さんからの選択が必要である。どんなに高い材料を使ってもお客さんから選ばれないと売れない。

会社で仕入れる材料は全てが全て商品に使用した原価に転嫁できるとは限らない。過大仕入による過大在庫の管理料や、売れ残った商品の処分代も売上とは関係ないが原価の一部である。それでも売値に転嫁され値上げされお客さんへの負担となるか、売値に転嫁できずその分コストが高くなり利益を圧迫するかのどちらかである。お客さんへの転嫁はお客さんへの貢献度を下げることになる。

・時間当たりの生産性を上げることもコスト削減に役立つ

時間管理は、生産性の向上に直結する。

一つ目は商品やサービスを短時間で仕上げることも生産性の向上である。それにより相手にも喜ばれコストも削減できるし安く提供できる。

二つ目は必要な時間に必要な商品やサービスを提供できる体制であることである。ビジネスの約束の時間に提供、あるいは打合せの約束の時間に遅れたら最悪である。相手の時間を無駄にすることにもなり信用をなくしてしまう。時間の約束ができないのは告別式だけである。

三つ目は残業癖をなくすことである。就業時間内に今日の仕事の時間配分をし、一つの仕事を集中して仕上げる癖をつけることである。集中は、時間の密度を深め精神的にも充実感が出てくる。会社全体で残業癖が付いている企業があるが、普通社長は、毎日残業しろとは強制しないはずであり、就業時間も終了時間も決まっているはずである。会社に何となく残業ムードが漂っていたり、社長も残業に対して厳しく注意しない会社に残業は多い。会社の残業ムードは今の時代、社会的にも良くない。悪評を生むだけである。社員も残業代稼ぎの残業であれば本末転倒である。残業代は最後には商品サービスに転嫁されるのである。

残業の主な原因は、昼間出来る仕事を夜に持ち込むことにある。本当に忙しい繁忙期の残業はしかたないが、それでも残業は計画的にである。繁忙期の時期、繁忙期の期間は前もって予測出来るはずである。残業癖のある会社の残業は、全社員一丸で改善しないと中々直らない。

残業癖の改善は、一分一秒の時間を無駄に過ごさないことを信条とすることである。

連続した一分一秒の時間の中で仕事を集中することである。グループの他の社員の一人が、集中して仕事しているときは、会社全体一人ひとりが集中して仕事をするという暗黙の約束事を決め、会社全体に集中のムードを作ることである。

寄り道

ウチナータイムは模合だけにしよう

沖縄タイム（ウチナータイムとも言う）というのがある。約束の時間に遅れてくることを常態としていることを言っているが、模合の集まりとか、個人的な家庭訪問ならまだ許せるが、仕事の場合だと全く通用しない。仕事の打合せの時間とか納品の時間には沖縄タイムは通用しない。信用を無くすことになり次の仕事にも響いてくる。会社にいきなり「仕事の件の事です」と言って約束なしに訪問する人もいる。飛び込み営業なら受付で軽く話を聞き流すこともできるが、重要な仕事の相談はそうはいかない。前もって時間の調整が必要である。相手の時間を盗むことにもなりかねない、相手にも時間の調整と心の準備が必要であり事前の予約はビジネスの基本である。

◆売上総利益（粗利益ともいう）は付加価値の大きさでもある

付加価値が高いほど粗利益率も高くなる。付加価値は事業全体の生産性が高い会社ほど高くなる。付加価値は、粗利益率だけでなく経常利益にも表れる。生産性は労働による時間の短縮、お客さんを絞り込むことによるコストの削減などがある。商品やサービスが安いことも一つの付加価値であるが、お客さんがこの会社やこの店舗を選んでくれたこともどこかに付加価値があるからである。商品やサービスを原価以下での安売りは、付加価値とはいわない、それは在庫処分と同じである。

商品に付加価値を付けるにしても色々な付加価値の付けかたがある。

例えば、花屋さんが、お花を依頼先へ届けた際、届けるだけでなく、喜んだ依頼先の写真を写し、送り主へ知らせるサービスも付加価値である。車検専門店が車検のハガキのお知らせを出すのも、付加価値のひとつであるが、他の車検専門店も同じ様な車検お知らせハガキサービスを出していれば、通常業務であり付加価値とはいえない。他の同業者がやってないことを先駆けてやるのが付加価値である。

寄り道

自社の商品サービスに自信を持とう

　あるデザイン会社の例であるが、委託した方が心配するくらい安いのである。粗悪な材料を使ってないか、ミスプリントはないか、疑いたくなるくらいである。

　他の相場よりも２割～３割程度安いように思える。しかも誰も安いからもっと高くしなさいとは言ってくれない。効率よくコストを削減し利益を計上しているのであれば立派である。しかしその会社の社長曰く「今の時代はパソコンが普及しており少しでも高くするとお客さんが逃げてしまう」とのことである。

　それは少し違うように思う。確かに何の工夫もない名刺やペラ１枚もののコピーの業務案内チラシ程度だったらそうかもしれないが、専門的デザインを要するチラシや小冊子は、専門のデザイン会社に任せ、かっこよく見せたいという気持ちがある。このデザイン会社は、堂々と相場プラス特殊デザインを付加した価値の料金を請求しても良いと思うがどうだろう。

付加価値も多種多様である。物あまりの現代社会において商品の価値にそれほど差があるわけではない。あるのは取り扱う商品やサービスにどのような付加価値を付けることが出来たかである。付加価値とは、今回利用したお客さんが満足し、次も利用してくれることであり、新しいお客さんを紹介したい気分になることである。

粗利益率を高める上では仕入れも重要である。仕入が多すぎて、倉庫や冷凍庫で眠っている商品や材料はないか、適正値段で仕入れているか、売上と連動した仕入となっているか、などの検討が必要である。倉庫や冷凍庫にものが多すぎると必要なものを探し出すことが出来ず新たに同じ材料を購入したりする非効率を露呈することがある。

理想だけでは会社は回らない

ある宴会も兼ねたレストランである。一流ホテル出身のコック長は念願の独立を果たしお店を持つことになった。過去に料理に関する賞をもらったことがある程の腕前である。コック長でもある社長は、今日の宴会の目玉料理として高価な料理を出したいと思い、また他の宴会では、数多くの種類の料理を出したいとして、日夜頭を凝らし努力し、仕入ネタの種類も豊富で多い。その上で自分の得意とする技術で調理をし、お客さんに楽しんでもらえる仕事をしたい。それが今後の商売にプラスになることを期待している。その為に多少仕入を多くしてでも調理に事欠かないようにする。冷蔵庫はいつも食材で一杯である。メニューも思ったより豊富である。冷蔵庫に入らない古いものや宴会の後の残った半端物を処分するのも多いということである。

２期目の決算書には次のように表れた。一つ目は、売上高である。確かに増えた。お客さんの数も増えた。二つ目は粗利益率である。他の同業者よりも５％程低い。決して料理の値段が安い訳では無いが粗利益率は低い。三つ目は棚卸商品の多さである。資金が寝ている状態である。四つ目は人件費の増加である。売上に伴う増と営業時間の長さによるものである。一人当たりの売上高も低いのである。

これでは決算書の粗利益率も良くならないし付加価値も悪くなるのは当然である。粗利益率は通常の飲食店と比較し良くない。原因ははっきりしている。

売れば売るほど赤字であることにも気がつかないと経営にならない。厨房の中と会社経営との間に齟齬がある。ホテルのお客さんと一般レストランのお客さんとの客層は違う。ターゲットがずれている。

そこに気づき思い切った改善をしないと何時まで経っても利益にならない。売上か、仕入か、棚卸か、調理方法か、その他どこに原因があるのか、決算書は数字で現状を知らせてくれるが、その解決はコック長である経営者が手を付けないと何時まで経っても直らない。

◆固定費（販売費管理費）

間接費である固定費は、固定的であり売上や利益に応じては発生しないとはいえない。売上を得る為の営業費は売上と供に発生する。

固定費は営業活動や会社維持費として発生するのであるが、無駄な活動や過大に抱えた不動産などからも固定費は発生する。

固定費は会社内の電気代水道代を、社長が口酸っぱくして「節約しなさい」と言っても、社員の士気が下がるだけである。固定費はその発生原因を基から絶たないと無くならない。

固定費の発生原因である人員の採用は、まず今の社員でこなすことは出来ないか、配置換えで対応できないか、無駄な仕事を辞めることにより採用を控えることができないか、一時的に忙しいだけではないか等を考えてからの採用にしたい。

戦略的に社員を一人だけ多く採用することもある。社員が急に休んだり、急な仕事が飛び込んできたときの対応の為にである。

・社員の採用に掛かる人件費の費用対効果の計算

社員の採用の根本は、経営計画の一環であり、費用対効果の計算も欠かせない。本人に支払う給与以外に社会保険等の法定福利費、厚生費、研修費、パソコン等の備品、活動に伴う経費等を充分に見積もる必要がある。戦力として使える日までの相当の時間も見積もらないといけない。

本人に支払う資金が底をついたとか、予想外に経費がついて廻ったとかでの解雇は理由にならない。もっと計画的な採用が必要である。

・固定費の無駄を見つけて改善することも付加価値の向上になる

何となく使っている無駄な経費はないか、中止しても売上は変わらないものはないか、全く活用していない定期的に自動的に支払っているものはないか、必要と思ってた備品や道具で長い間、仕事に使ってないもので無くても仕事に支障がないものはないか、現に使用しているもので代替出来ないかなどの検討も必要である。更に将来に役立つ経費が抜けてないかの検討も必要である。

・**減価償却費は建物の金額や新旧とも関係する**

損益の計算上、建物は減価償却を通して経費に算入され、その分利益が少なくなるという計算である。利益が少ないから成績が悪いということにはならない。ポイントは建物の借金が残っているかどうかである。借金の返済がないと減価償却前の利益を処分可能利益と捉えることも出来、その分計算上キャッシュが増えることを意味する。

寄り道

経費の削減は根本から絶たないと効果は薄い

ある代理店でのことである。営業員の外回りの為に、営業員の数だけ乗用車を所有していたのであるが、一括契約の駐車場の半分を返すことになった。仕方なく社有車を処分し、営業員と相談し、その結果、社員の車両を借り上げることにした。条件は車の使用料を給与に上乗せして支払うこと、営業中のガソリン代、保険料を会社負担とする。ことを決めたそうである。その結果、駐車場代、車検代、自動車税、総務が行う管理時間の削減などが軽減され合理化されたそうである。

・役員報酬は利益と連動する

役員報酬は、売上よりも利益と連動する。売上が大きくても利益が少ないと、役員報酬は払えないのである。経営は売上よりも利益であり、経営者の仕事は、付加価値をどう大きくするかである。

寄り道

古い建物に生産性あり

ある築40年の老舗店舗の山羊汁専門店の、山羊汁の値段は一杯800円であるが、新進店舗の山羊汁一杯の値段は1,000円である。仕入れ先は同じでありその他の条件も同じであるとして、老舗店舗はどうして安く売り出すことが出来るのであろうか？

利益の面から考えてみると老舗店舗は築40年であることから減価償却済みの店舗を使用している。減価償却の分は丸儲けである。キャッシュフローの面から分析すると借入金の返済は終わっているはずなので返済分を値段に上乗せする必要はない。販売戦略に使える。財務体質の強い無借金経営の場合も同じことが言える。

特に中小企業小企業の場合、利益と役員報酬の間には、互いに大きな相関関係がある。役員報酬が少ないとその分利益にはね返り、役員報酬の額が大きいとその分利益が減少することになる。従って役員報酬は、利益剰余金や自己資本比率が低い間は、それらの数字が高くなるまでは、短期的に多額の利益が出ても、多額な役員報酬は控えた方が会社のためになる。

役員報酬の額は、役員の生活費、会社の業績、役員の功績、将来のため会社に残すべき利益を考慮し決めることとする。

・公私混同は会社を腐らせる

企業に限らず現金預金の物理的管理は、非常に重要であり、経営者の経営姿勢が現金を通して見えてくるものである。経営と生活を公私混同し、会社のお金を持ち出したり、生活費を会社の資金で当てると、社員からも信頼されなくなり、社員のやる気も削がれ、会社のためにも頑張ろうという気も無くなる。

決算書上にも不透明な持ち出し金があると、経営者の姿勢が問われ、経営上の資金繰りも悪くなる。経営者は役員報酬を通して会社から受け取った金額で、生活費を賄うべきであり公私混同すべきではない。

現預金の受払に社長自ら手を出してはならない。経理担当者を通して行うべきであり社長は、月に一度、定期的に現金預金残が合っているか、帳簿残と実際残を確認し余計な支出は無いか確かめる事とした方が効率も良くなる。創業当時は、経理担当者に現金預金を渡し管理を任せることに多少抵抗もあるが、会社が次のステップに上がるためには避けて通れない当然の委譲である。

仕入代金の支払いや、売掛金の回収は出来る限り、銀行振込とした方が間違いも少なくなり、時間の短縮もできる。仕入代金の支払や売掛金の回収は、定型的であり作業であり作業は出来る限り短縮するものであり、時間を掛け動力を掛けるものではない。年間時間に換算すると節約できる時間と動力は大きなものとなる。

◆経常利益は会社の最終利益を表す

利益は、企業を継続する上で必要不可欠であり、お客さんからの見返りでもある。経営活動の結果でもある資金の余剰がないと、商品の仕入や人件費等の経費の支払いもできないどころか、その支払いの為、金融機関から借金をするようになり、さらにその借金を返済するために永遠に借金を繰り返すことになる。借入の度に前の借入額を超えることにもなりかねない。借入返済限度額を超えると、通常は銀行が許さない。利益の算出は、何よりも社会からの経営活動を認められた結果であり、経営活動の妥当性を得たということである。利益は、今後の企業活動の継続においてなくてはならない重要な判定基準でもある。

6 利益の持つ意味を考える

◆決算書上の利益の行方を考える

当期の決算書上の利益と増加したキャッシュは、まず当期のために使い、残りを来期以降の経営活動のために使うこととする。まずは社員の労に報いる為の手当、さらに売上を伸ばす為の販売促進費、緊急を要する修繕費などである。その為には、流動比率と自己資本比率を高める必要がある。利益が計上されてもキャッシュがなければ、給与は支払えない。過去の損失があるときは、最も優先すべき事項となり、その穴埋めに使わざるを得ないものでもある。

利益は、経営計画を策定する上ではなくてはならない一つの目安であり、前期を下回る利益の策定は、社会貢献を疎かにし、会社に油断をもたらすことになる。利益は企業経営の結果からも企業継続の面からも、なくてはならないものである。利益は目的でなく正しい経営活動をし、社会貢献をした結果生まれてきたものである。

利益を目的とすると会社の社会的役割を忘れ、お客さんの利益を忘れ、高く売ることに走ってしまう。お客さんは一つのことを切っ掛けにして離れてしまい、お客さん自ら喜んで当社の商品やサービスを購入してくれる戦略が崩れてしまう。

企業の利益の留保は、個人の場合と異なり経営者といえども勝手に生活費や個人的経費に使うことはできない。法人と個人の経費は、経営の面からも法律的な面からも峻別しないといけない。決して会社のカネは俺のカネではない。

企業の本来の利益の目的は次の通りである。

・働くことを通して社会貢献をすることによる精神的利益。
・人が生きて豊かな生活する上での手段としての利益。
・利益は良い経営活動の結果である。
・将来起こるかもしれないリスクに備える保険として積み立てる。

・将来の人材の確保や人件費の増加に備える。
・社会的負担として税金の支払いに備えて積み立てる。

・儲かるとは何をもって認識するか

決算書の上で利益が計上されても、キャシュフローが悪いと儲かったことにならない。買掛金の支払いや、給料、借入金の支払いに支障をきたすことになる。又キャッシュフローが良くても利益が計上されないと、これも儲かったことにならない、後々苦しくなるだけである。結局、利益とキャッシュフローの両方が良くないと、経営が成功し儲かったとは言えないものである。もう一つ加えると将来的に、企業の発展を約束する好感度の知名度や技術やノウハウが蓄積され、会社としてのまとまりが出来ていれば、なお儲かったといえる。

※儲かるの意味

決算書の上で利益が計上されても、キャッシュフローが悪いと儲かったことにならない。

キャッシュフローが悪いと、買掛金の支払いや、給料、借入金の支払いに支障をきたすからである。最初キャッシュフローが良くても利益が計上されないと、金銭を使い果たした後は支払が苦しくなり借入を繰り返すことになる。利益とキャッシュフローの両方がよくないと、経営が成功し儲かったとはいえないのである。

◆赤字の決算書

赤字の決算書であってもそれが一時的であり、事前投資の影響で当期のコストが増加し、来期以降の分も先に投資したものであり、近い将来利益を取り戻すことが出来れば問題はない。自社の商品やサービス、会社の内部体制、会社の信用力に問題があり、それが長期的に続くのであれば、会社の継続は難しくなる。原因を解明し、早急に効果的な対策が必要となることはいうまでもない。赤字経営の数字は決算書にまず表れる。経営者はそれを真摯に受け止め、今後の経営のためにも原因を究明し改善しなければ会社は生き残れない。

売上の減少が、前年同期と比較している場合、何故売上が落ちたのか決算書には書いてない。決算書を基に現場での原因は元より、商品やサービスの価値や価格も販売戦略や市場に照らし、的確であるかを調べる必要がある。

逆に売上は前年同期伸びている場合、なぜ粗利益は落ちているのか、経常利益も落ちているのか、仕入や固定費などの内部資料を分析し、会社内部の現場を改善することである。

来期以降利益を取り戻す為には、調べ上げた問題点をどのように改善するか。部分的な改善を要するのか、会社全体の効率性の問題なのか、決算書はその改善のポイントを示してくれる。決して決算書を小手先で直すことではない。企業にとって利益は会社の存続に係わる条件なのです。

借入先の金融機関に対しても借入金がある以上、社長自ら自社の強みを説明し、一時的赤字の発生原因や将来性についての説明責任はあるのであり、将来黒字に転換する自信があれば計画性をもって経営数字を示し説明する必要が出てくる。

・過去と同じ栄光は2度目は来ない

利益が上がらない会社の特徴として、過去に多額の利益を上げた経験があり、来期は利益が上がると確信し期待し、同じことをを繰り返す傾向にある。再び同じような手を打とうとする。しかし同じことを繰り返しても、過去の栄光は2度と訪れない場合が多く、さらに赤字を繰り返し、その穴埋めに銀行からの借り入れを繰り返し、最終的には追い込まれ閉鎖ということにもなりかねない。来期こそはと同じことを繰り返して、本当に利益が上がると、そう確信しているのであるから何とも言えない。起死回生の打つ手があれば良いのであるが、今まで通りの対策ではらちがあかない。あの過去の時代背景だから良かったのである。

会計は、経営活動をした後の結果を数値で表したものである。結果が悪いからといって、売れない商品やサービスを売る方法までは表示できない。ただこの商品サービスは売れた、この商品やサービスは売れなかったを、数字で示すのみである。経営の現場では、販売活動に努力不足はなかったのか、販売の方法は正しかったか、提供する商品やサービスが、時代と共に少しずつ目の見えないところで移り変わってないか、その他外に理由はなかったのか、調べ対策を練り直すことである。

・赤字の原因を決算書から考える

決算書の赤字の原因は何であるか、決算書を見ながら、経営の現場を思い浮かべながら考えてみる。戦略ミスはないか、戦略が各社員まで行き渡ってなく、それぞれの行動になってなかったか？　計画ミスで固定費が掛かりすぎてないか？　経営方針ミスで商品やサービスに陰りはなかったか、あれやこれや手を出しすぎて力が分散してなかったか？　など経営の舵取りは経営者の仕事である。

寄り道

席のやり繰りにチャンスあり

居酒屋の予約。沖縄県民に限らず居酒屋で飲んだり、談笑したりすることは多い。

居酒屋は、一般的に５時～６時開店が多いようであるが、６時頃に予約無しで行くと人気店は予約で埋まっていることが多い。しかし席は所々空いているのである。店員に話を聞くと８時後か９時にしか集まらないとのことである。その間「席を貸してくれ」とお願いしてもいつ集まるか解らないので貸せない、とのことであるが、そこにビジネスチャンスがある。席のやり繰りに商機があるはずである。しかしさすが沖縄タイム一向に直らない

7 貸借対照表とキャッシュフロー

◆損益計算書で計算された利益は貸借対照表に組み込まれる

資産は左に表示、負債は右に表示、その差額である純資産は右に表示する。もし負債の方が資産よりも大きかったら、その差額は純資産のマイナスとして表示されるが、左に債務超過分として左に表示した方が理解しやすい。

この左資産、右負債の表示は会計のルールである。何も考えずに覚えてしまうことである。早い機会に暗記してしまうことである。疑問を持つ余地はない。時間がないとか、他にやることがあるとかを理由に、見向きもしない社長がいるが、それでは会社経営は出来ない。決算書を読み込むことは、出来る社長の条件だからである。

決算書は毎日の一つ一つの取引の積み重ねであり、借り方貸し方の仕訳を通した上で出来上がっている。その借り方貸し方は分からなくても、取引の積み重ねで出来上がっていることを理解し、さらに決算書を読みこなすことが出来ることは、会社が成長し、発展するための条件である。

損益計算書で計算された利益は、純資産に蓄積されていき、資産のどこかに組込まれるか、負債の返済に充てられるかである。このことからも分かるように、貸借対照表から見た利益は、資産と負債の差額であり、個別に存在するものではない。どこかに消えたのである。

残念ながら会計に興味のない経営者の決算書には、不純物が紛れ込んでいることが多く、正確な経営分析もままならない。経営者の姿勢が会計に表れてくることを知らないと決算書も使い物にならない。

会計は、継続企業を前提として設計され、最終的にキャッシュつまり現預金を通して資産が形成され続けることを想定しており、会社が閉鎖するどうかは会計の想定外である。

8 貸借対照表の構造

貸借対照表の構造は次の通りである

中小企業小企業における良好な姿の貸借対照表

・流動資産が流動負債を超えていること

・回収不能不良資産が無いこと

・固定資産が固定負債より多く遊休資産もないこと

・自己資本比率が高いこと

・資産左、負債・純資産は右だけでなく、並びも決まっており純資産の表示が流動負債の上に来ることはなく、流動資産と固定資産が入れ替わって表示されることもない。

・利益とキャッシュは連動しては発生しない。

（借方）	（貸方）
流動資産（含む現預金）	流動負債
	固定負債
固定資産	純資産
合　計　100%	合　計　100%

流動資産

流動資産のチャンピオンは現預金である。全ての取引は現預金を通過するものであり、経済は貨幣経済であり、経営も会計も金銭で物事を決するようにできているからである。

その他棚卸資産や売掛金など1年以内に現金化される債権が表示される

固定資産

土地建物機械設備などが主なものであり、土地建物は経営の場所であり物を生産したり物理的に重要な拠点である。また投資的不動産もここに入る。特徴は多額の資金を要する所でもある。

固定資産は、大きければ大きいほど良いという問題ではない。管理費などの固定費が増えて利益を少なくする可能性さえある。良い会社になることが目標であり、それに伴う規模の大きさである。

◆流動負債

1年以内に支払われる未払金、預り金、短期借入金などがここに表示される。

◆固定負債

長期借入金や長期未払金などがここに表示され、その反対科目は固定資産であることを要する。

◆純資産

会社に留保された利益はどう使われるのか、利益は現金として残っている場合もあるが、固定資産などの別の形で残っている場合もある。いずれにせよ、まずは利益は使えるキャッシュで残っているのが、目指す正常な経営である。利益の使い方の最高の有効活用は、企業の継続であり発展に使うことである。

会計は連続の連続でありその姿は、決算書の貸借対照表に表れる。経営は非連続の連続といわれている。現在の取扱う商品やサービス、経営方法は、時代の流れと供に将来に通じなくなり、それに伴い現在の経営戦略も変わっていく。

会社の評価

会社の評価は、決算書に活動の結果として金銭的数字として表れる、それはその会社の全てを語るものではないが、会社の物的大きさを測り、今後の会社の活動量を予測し、活動の方向性を決める上で重要である。

寄り道

人の評価は難しい

会社は、決算書の結果が全てではないが、決算書はその活動結果が金銭という単位で測定されるため、制度的に最もわかりやすく、客観的にも他人に伝えやすく、誤解も少なく、理解されやすい。最も難しいのが会社に所属する人の評価であり、将来性を秘めた発展性である。人の経営活動や能力や行動は、その企業の将来を左右する。その会社で働く人の評価を客観的に伝えるのは至難の業である。企業には、金銭では換算出来ない価値があることも事実である。

◆利益もキャッシュも会社の業績を伸ばす財源である

決算書上の利益は、人が制度的につくった概念であり数字的なものである。利益がいくらあってもキャッシュがないと会社経営は成り立たない。今日は役立たない利益でも、それが明日キャッシュに変身したときに使える利益となる。

利益もキャッシュフローも決算を組んでみないと形は見えない。利益は資金繰りを良くするためにも必要とされ、キャッシュフローは利益がないと良くならない。つまり経営の中心は利益ではなくキャッシュフローということになる。

キャッシュフローは貸借対照表から分かるのであり、利益からは分からない、損益計算書からも分からない、貸借対照表から解明するするのであり、純資産の額が少ないと一般的にキャッシュフローは良くならない。

損益計算書の利益率が良くても、売掛金の回収や在庫品が多いとキャッシュは悪くなる。キャッシュフローを良くするためには、売上に応じてある程度比例したキャッシュを準備しておくことである。

キャッシュフローは会社の資金繰りの状況を表すものであり、会社の現金預金の流れを示すものであり、経営が正常に回っていることのバロメータでもある。現金預金が正常に回らず銀行借入のみに頼っていると、ある時点で倒産を招くことになる。

資金繰り悪化による倒産は、企業内部では、最初は小さく徐々に押し寄せてくるが、外部からは、あっという間にやってくる。日頃からの資金繰りの対策を怠らないことである。気がついた時は遅い場合も多い。将来のリスクに備え、ある一定の準備金は常に必要である。また、より成果の高い事業の取り入れ挑戦を可能にし、そのリスクに備える為にも利益の累積である準備金は必要である。新しい事業にはリスクは絶えず付きまとうのである。

消費税とキャッシュフロー

消費税はお客さんから法律的に預かった預り金である。入金がありキャッシュフローが一時的に良くなるように思えるが錯覚である。決算終了後には税金として支払わなければならない。そのため消費税支払分は別預金として管理した方が合理的である。

9 決算書から経営を分析する

◆決算書は分析することにより自社の長所短所が分かる

決算書は、経営者への通知表である。良い点もあれば悪い点もある。勉強に力を入れた分だけ成績に表れる。異なる点は、通知表は成績が段階評価されて力を入れる科目がひと目で分かるが、決算書は分析し比較しないと会社にとっての、その善し悪しがよく分からないということである。

決算書には無駄も含まれている。その無駄や、対策不足などを間接的に抜き出すのが、中小企業小企業の経営分析である。

経営分析により経営のことが全て分かるというものではなく、経営を客観的に数字により把握し比較できるということであり、経営分析により我が社の状況を経営の改善に役立てようというものである。

経営資源の３要素であるヒト・モノ・カネの部分の内、モノとカネの部分は貸借対照表に表示することができるが、ヒトの部分は決算書でも表せない。決算書に表現できない企業が持つ情報量や数字に表せないノウハウなども経営分析できない。

経営分析は、比率による分析と前年同期との比較や黒字企業との比較による分析がある。

中小企業小企業で使える主要な経営分析は、自己資本比率、粗利益率、損益分岐点、経常利益比率、キャッシュフロー分析などがある。

なお経営分析の考え方や中小企業小企業のキャッシュフローについてもう少し知りたい方は、先に出版した、「ナンクルナイサでは会社経営は続かない」をご参考下さい。

第7章

会計から見た企業経営の変遷

1 貸借対照表を見ることにより会社の状態が分かる

◆会社の財政状態は貸借対照表から読み取る

決算書には損益計算書と貸借対照表がある。損益計算書は、一会計期間（通常は一年）の売上高、売上原価や固定費などのコストと利益が表示され、営業活動の結果が数字という物差しで表示され、翌期へこの数字が引き継がれることはない。翌期は一会計期間の一からのスタートである。

貸借対照表は、会計期間毎に経営活動の結果として、各会計期末に作成され現金預金などの有高残が表示される。

貸借対照表のシートには、向かって左側に流動資産（現預金含む）と固定資産に大別され、右側には流動負債と固定負債、そしてその資産と負債の差額として純資産が表示される。一会計期間の経営活動は、期首の貸借対照表から始まり期末の貸借対照表で終わる。期末の純資産が期首の純資産を超えていると、通常はその超えている分が、一会計期間で増加した利益である。期末の貸借対照表は、翌期の経営活動の原資になり翌期末には、同じように翌期末の貸借対照表が作成される。

経営活動の結果である利益は、貸借対照表の純資産に反映され、各年度の期末の資産、負債も貸借対照表に有高残として反映されることから、企業の貸借対照表をみれば、財政状態がわかり、どの程度の発展段階なのかも想像できる。会社の実態が解り、強み弱みが見え、伸ばすべき長所も見えるはずである。

経営者は、自身の会社の姿を肌で感じるだけでなく、経営数字という物差しに置き換えて経営を感じ取り、この経営数字を正常な数字に直すためには、あるいはもっと発展するためには、どういう経営活動をしたらいいのか、改善の糸口にすることである。例えば赤字の原因が、粗利が薄い、固定費が売上と連動して増えていく、などを改善するときに売上至上主義では益々赤字が増えるだけである。直すポイントを押さえ改善しないと何時まで経っても良くならない。

2 決算書は会社の経営を表現する

◆企業にも生涯がある

企業の生成過程を、創業期から夢に描き理想とされる潤沢期までに分けて、比較分析してみた。企業は最終的に、自己資本比率が高く、借入金も少なく、現預金が豊富にある潤沢期までたどり着くことを夢見るが、必ずしもセオリー通り行くとは限らない。早期撤退もせず倒産もない企業の生涯であれば申し分ないが、思い通りに行かないのが経営である。その過程を決算書を鏡にして見ていきたい。自社の将来を描くためにである。

企業の誕生は、会社を起こし経営資金を投入し、企業活動を開始した日からスタートする。一般的には会社を法務局に登記した日が創業期の始まりである。創業期はスタート時から約5年間位である。売上も順調に伸び、社員も採用し給与の支払いも発生し、車両、備品、機械などの固定資産を、銀行等から借金して購入した頃から資金繰りが忙しくなる。自転車操業期の始まりである。自転車操業期に入る前に売上が伸びず、あるいは資金繰りのメドがつかず、やむを得ず閉鎖する会社も数多い。

自転車操業期は鬼門の期間である。経営者の経営力が試される期間でもある。技術や商品やサービスが受け入れられ、売上が急激に伸びすぎて売掛金の回収が遅れたり、貸倒れが発生したり、借入金の返済資金がやり繰りできず、また借金を繰り返しその借金を返済し、そのまま自転車操業を続けるか、あるいは徐々に利益が決算書に蓄積され、遅れながらも現預金の増加を伴って、成長期に入っていけるかの分岐点である。自転車操業を乗り越えた次に来るのが成長期の到来である。

成長期でやってはいけないのは、安易な銀行借入による過大投資である。これからも伸び続ける市場なのか、これからも需要が続く商品サービスなのか、を見据えながらの投資である。これを間違えると再び自転車操業に逆戻りしてしまう。

成長期を乗り越え会社の進む道もある程度見えてきて、社会的にも認知されてくると、安定期に入る。安定期に入るまでの期間が、約15年から30年である。安定期に入ると自社物件のオフィスビルが欲しくなるようであるが、これが曲者である。資金繰りをまず圧迫する。精神的に偉くなったような気がする。それを社員が真似るようになると最悪である。自己資金が豊富にないときは、自社ビルは潤沢期まで待った方がよい。
潤沢期まで辿り着く会社は、基礎が良くできている。潤沢期は、自己資本比率も現預金も不動産の所有も潤沢であり、ここまで辿り着く企業は、ほんの数%である。ナンクルナイサではなく問題点はなにか、完璧に近い形で物事を考える。本業での成功プラス不動産投資による蓄財も多い。潤沢期は経営に必要なものは何でもある。弁護士や税理士、社会保険労務士の顧問も付いている。心配事は事業承継である。

企業経営には、会計力と経営力を必要とする。2つの関係は車の前輪と後輪に似ている。前輪で舵を取り後輪にエンジンの力を伝え車を走らす。

3　企業の誕生期から潤沢期・消滅まで

①創業期（〜約5年）の貸借対照表

創業期はどの企業にもある。売上も少なく売掛金も少ない。利益の累積である剰余金も少ない。貸借対照表には、金額という物差しで評価される財産は記載されるが、載せることができない大事なものがある。経営者の持っている経営力であり、会社の技術力であり、ノウハウである。創業時の会社の将来性は、貸借対照表のシートだけで、判断できるはずもない。

創業時の将来性は、貸借対照表と損益計算書プラスこれらの経営を支える人の力である。

月次決算を強化し、会計を経営に使う習慣を創業期の間に身につけておきたい。会計に強い経営者と、そうでない経営者との経営力の差は大きく、その後の会社の発展にも大きな影響を与えることになる。創業期は目の前の仕事をこなすことが中心になる、当社は何が出来るか？何が来るか？　予想外のことが起きる。

コンサルや保険の勧誘、機械備品販売店からの営業の攻勢、その他メールやＦＡＸでの誘惑も多い。つい乗ってしまうこともあり後で後悔することもある。経験を積んでくると、ある程度予想することも、避けることも出来るが、創業期は資金的にも、頭の中も余裕がない。どれが会社にとって有益なのかよく分からないことが出てくる。それでも計画を立て目標を持って将来を描くことは大事であることに変わりはない。

②自転車操業期（約4年～8年）の貸借対照表

創業期を過ぎてある程度お客さんの目処もつき、売上も増えてくると忙しさが増してくる。時間的にも、身体的にも忙しくなり、資金の需要も増大してくる。

創業期の貸借対照表

流動資産 約50% (内現預金 約20%)	流動負債 約50%
固定資産 約50%	固定負債 約30%
	純資産　約20%

・創業期の将来性は、決算書の数字よりも会社が持っている潜在能力である。

同時に社員も増え、固定資産や借入金も増えてくる。しかし純資産は中々増えない。安定的に利益を算出し剰余金として蓄積できるまでは、年数が掛かる。利益が少しでも算出され、借入金の返済額も、減価償却費プラス税引き後純利益との合計額の範囲内なら、何年か耐えたら、そのうち利益の分だけ経営も安定してくる。利益が算出されても、利益が借入金の返済額以下だと、資金繰りは益々忙しくなるだけである。

　収入と支出だけしか頭の中にないドンブリ勘定で経営している経営者は、ドンブリ勘定にドップリ浸かってしまうと、何処で利益が

自転車操業期の貸借対照表

流動資産 約40% (内現預金 約10%)	流動負債 約60%
固定資産 約60%	固定負債 約30%
	純資産　約10%

　ポイントは、売上と比較し、売上原価、固定費、人件費などのコスト管理である。売上の伸びと同じようにコストが増えると、債務超過となり、コスト管理に成功すると成長期への道を歩むことになる

出ているのか、何処が悪いのか、去年と比較してどうなのか判断がつかない。早めに会計力を強化し身に付けることである。会計は経営活動した結果を数字を示してくれる。

・成長企業となるか債務超過企業となるかの分岐点

自転車操業期の資金繰りに失敗すると債務超過となり、資産よりも負債が多くなり、その分が債務超過ということになる。自転車操業期においては、純資産はプラスであるが、売掛金や棚卸品を抱え、買掛金、未払金や借入金の返済をしなければならず、さらに不良債権や不良在庫を抱えてしまうと金銭の入金が少なくなり、買掛金の支払いや借入金の返済資金の支払いに充てるため、安く仕事を引き受けたり、安く商品やサービスを提供したりすると、粗利益も率も薄くなり債務超過企業に陥ってしまうことになる。

債務超過の貸借対照表

流動資産 約45% (内現預金 約4%)	流動負債 約50%
固定資産 約45%	固定負債 約50%
債務超過額 約10%	

債務超過企業の再建策は、債務超過の常態を解消することが先決である。まずやるべきことは、固定費の削減、過剰な固定資産の売却、借入金の返済、役員報酬の削減、人件費の減額、営業商品や、営業活動の点検、粗利益率の見直し、結果経常利益の算出である。

この財務状況の経営者は、会社を建て直すか、休止するかの択一に責められる。技術やノウハウもあり将来への確固たる自信があれば続けても良いが、将来が見えない、分からない状態であれば、債務超過額が少ない内に清算し、休止した後にもう一度再考することとしたい。

③成長期（約7年～15年）の貸借対照表

自転車創業期を乗り越え、債務超過企業にも陥らず、多少なりとも利益を出し続けることが出来ると、成長期に入る切符を得ることができる。

成長期といえども、急激に売上が大きく伸び、利益が大幅に増えることは希である。知名度はある程度上がってきているはずであるが、足元を固めながらの経営であり、上ばかり見ている訳にはいかない。

売上が急激に伸び、多額の固定資産を購入すると資金繰りが忙しくなり、再度自転車操業に逆戻りすることもあるので要注意である。又これ以上に市場の広がりがなく、売上が伸び悩むこともあるので、経営革新や経営改善、粗利拡大のため生産性向上の工夫も欠かせない。

成長期は、純資産がマイナスというわけではなく、月次決算もできており経営上の数字もよく読みこなしている場合が多い。ワンマン社長もカリスマ社長も成長期の時は抜群の力を発揮する。

社員間の連携やマニュアルも整備されており、経営者も新規事業や新規投資に旺盛であり事業計画をコンサルや地元の有志に相談することも多く誰に何を相談したらよいかのネットワークも持っていることも多い。

④安定期（約15年〜30年）の貸借対照表

忙しかった自転車操業期を経験し、成長期を経験した後にやって来るのが、油断大敵の安定期である。一息つきたい、経営者も40歳半ばを超えている、事業承継も気になる。

安定期に入ると自社ビルを建て守りに入ってしまう傾向があるが、現状維持を望む経営者と、不動産投資をしたりと、さらに拡大を目指す経営者に分かれる。

成長期の貸借対照表

流動資産 約50% (内現預金 約15%)	流動負債 約40%
固定資産 約50%	固定負債 約40%
	純資産　約20%

この時期の特徴は、現金預金よりも売掛金、未収入金が多くこれらを回収して、現預金に換金し、ストックする間もなく買掛金、借入金等の支払に回っていく。

この時期は利益率も高いので、固定費が高い位置にあり、売上が下降し出すと、高コストが災いして、簡単に赤字になってしまう。自社ビルの購入や不動産投資は、固定費を押し上げるので慎重を期す必要がある。

的確な判断を発揮した社長の、ワンマン性やカリスマ的性格と、社員にある程度会社の方向性を示し、会社というチームを引張って、たどり着いた安定期であるが、社長のワンマン性やカリスマ性だけでは会社が回らない規模になってくる。社員にどの程度の仕事を任せ、教育し教え信頼し、チーム力を高めてきたかである。経営理念や経営基本方針や経営計画に基づき会社を経営し、より的確なリーダーシップで会社を経営してきたかどうか、社員への権限委譲がうまくいったかどうか、により今後の発展度に差が出てくる。

ワンマン性やカリスマ性は目に見えて分かりやすい

安定期の貸借対照表

資産	負債・純資産
流動資産 約50% (内現預金 約25%)	流動負債 約30%
	固定負債 約40%
固定資産 約50%	純資産　約30%

この期は、金銭的余裕もある、経営者も成長期比べ余裕があることを実感することが出来る。集金したお金を借入金等の支払いに回さなくても、ストックした現預金で充分に支払える。固定資産の所有も大きく自己資本比率も高い。銀行からの評価も高い。

が、リーダーシップは内なる面が多いため外からは見えにくい。それは会社の社員の営業活動に垣間見ることが出来る。社員に働き甲斐を与え、仕事の中に自己実現を見い出し、社員自ら会社を盛り上げている会社はやがて潤沢期に入っていく。

必ずしも潤沢な会社を望まない経営者もいる。安定期は安定期で悪くはない、社員が生き生き仕事が出来るからである。経営で余った利益は社員に配分する。リスクの高い投資をせず、本業を中心に経営した方が長く続くという信念が経営者にあるからである。

⑤潤沢期（約30年～）の貸借対照表

安定期の利益の積み重ねと経営力の向上によりやって来るのが潤沢期である。必ずしも全企業が潤沢期にたどり着くのではない。30年掛けても自転車操業期と成長期を行ったり来たりしている企業や安定期で満足し留まっている企業もある。必ずしも潤沢期がよいという訳ではないが、うまくいけばいつもと同じ向上経営をやっていれば、安定期の企業は自然にたどり着く。悩みは現経営者のもとでは社員も大きな努力をしなくて済むことと事業承継である。実はこれが一番大きな悩み事である。後継者が必ずしも先代のような実力を備えているとは限らない。後継者にバトンタッチしたとたんに、おかしくなった企業の話もよく聞く。

潤沢期の会社は、経営者の力が絶対的に強く、社員との信頼関係も厚く、社員が社長に意見することも少ない。仕事の悩み事は、先に読まれているように感じる。長期勤務者も多く退職者も少ない。社員の定着度も安定している。

子会社も2件以上は持っており、不動産などの投資物件も多く、本来の事業と間違えるほどである、ここからの安定収入も欠かせない。事業での多少の失敗はここで取り戻せる仕組みになっている。投資物件の意思決定は、自分で決めることが多く決定までは秘密である。

何故ここまで大きくすることが出来たのか質問しても、運がよかったという答えとか、商売をやって儲からないとおかしいという単純な答えが返ってくるだけである。

カリスマ性以上のモノを感じる。ある意味怖い社長

潤沢期の貸借対照表

流動資産 約60% (内現預金 約40%)	流動負債 約20%
	固定負債 約10%
固定資産 約40%	純資産　約70%

潤沢期の特徴は、自己資本比率がとても高く、流動比率の割合も高くしかも現預金の保留割合も高い。

固定負債も預り保証金である場合が多く、固定負債が少なく、あまり銀行から借りる必要がないため銀行からの評判は高くないようである。

でもあるが、普段は至って温和である。仕事に対するメリハリも的を射ているだけに反論もできない。

潤沢期の会社は、社員の給与も高いのが普通であり役員報酬も抜群に高い。卓越したリーダーシップと社員への気配りも高く、まるでリーダーシップがカリスマに代わっているようである。会計の数字もよく読みこなしている。しかも頭の中に入っている。月次決算は、自分のイメージ通りの経営が出来ているかどうかを確かめる道具の一つである。

⑥企業の清算消滅

人に最後があるように企業にも最後がある。何度か企業の倒産や自主閉鎖を見てきたが寂しいものである。後継者がいない。この苦労は自分の代で終わらせたい。借金がどうしても返せない、成績の良くない会社の社長の言い分はいつも同じだった。来期は、次の事業は成功する絶対に返せる。この仕事は絶対儲かる。重なる借金を返済し、見事に立ち直った会社もいくつかあるがほんの一握りである。借金が大きくなりすぎて返せなくなる前に、余力がある内に自主閉鎖が本来の会社消滅の姿であろう。

◆百年以上の企業

伝統と技術とたゆまない努力で、良い商品を作り良いサービスを提供し、地域社会に根を張り、１００年以上の企業ももちろんある。これらの企業は、これからもお客さんの需要に応え、社会に貢献し続ける限りこの先何年も残っていくことだろう。

酒造業で甕の中を棒で混ぜる杜氏（とうじ）の図

4 経営には会計という鏡が必要である

経営は生き物である。経営には色々な形がある。会計はそれをよく映し出している。常に会計という鏡を見ないと、今自分がどういう顔かたちをしているか目に見えない。会計はそれと同じである。常に目を通さないと、今どういう形の経営になっているのか見失う。

会計には次のような特徴がある。経営者は会計の性質を理解し活用する必要がある。

①会計は経営発展のツールである。会計は道具であり、経営が発展する為に経営に有益な資料を数字を使って経営に提供するという道具である。それは基本的に過去の経営の状況を知らしめ将来に向かって経営の判断に使う力強いデータである。

②会計は主役にはなれない。経営の先に出ることはなくいつも脇役であり縁の下の力持ちである。会計は常に経営の後にあり、主役をカバーしたり、注意を与えたりす

る役目であり前に出ることはない。会計の出身者が経営者として成功することも多い。それは会計からの成果ではなく経営の成果である。会計をうまく経営に活用した事による成果である。必ずしも名選手名監督にあらずの例である。

③会計は保守的である。会計から、新しい仕事を始めるとか、儲かるからもっと投資をする、という発想は出てこない。それは経営の判断である。会計の面からは資金繰りが大変そうだからとか、損失が出たらどうするのといった心配ごとが先に来る。

経営者は、以上のような会計の性質を知り経営に活かすことである。

おわりに

最近の新聞記事によると、沖縄県内の企業の赤字率が62・52％で全国で2番目に低い割合であるということである。逆にいえば、全国で2番目の黒字率ということになる。県内企業の元気さを示している数字である。別の記事からは、県内の国税額が3500億円を超え、内閣府関係予算3400億円を上回っており、県内収入予算よりも支払う国税が高く、ここでも県内企業の好調さを裏付けているようである。

法人の増加率も3・65％と4年連続で全国トップである。これからも沖縄県内の企業数は増加傾向にあると思われるが、ナンクルナイサの企業経営ではなく経営力と会計力を身に着けて堅実に発展していってもらいたいものである。

この本が今後の経営の手助け、あるいは働く者の参考になれば幸いである。

本書の出版にあたり、前著同様ご協力ご尽力頂きました、琉球プロジェクトの仲村渠理氏、新星出版の城間毅氏に厚くお礼申し上げます。

〈著者紹介〉

平良　修（たいら　おさむ）

1952年11月生まれ　旧具志川市、現うるま市出身。1977年3月沖縄国際大学商経学部商学科卒業。1981年12月税理士試験合格、取得科目は簿記論、財務諸表論、法人税、所得税、相続税。1984年9月税理士事務所を現うるま市にて開業。開業以来TKCのシステムを利用し、税理士業の本来の業務である税務相談や申告書の作成に加え、関与先企業の会計指導、巡回監査、経営分析業務を行なっている。経営基本方針は、会計業務を中心とした経営サポート業に徹し、関与先での迅速で正確な翌月決算の作成指導であり月次決算の経営への活用である。

著書：過去に『ナンクルナイサでは会社経営は続かない』（新星出版）

平良修税理士事務所

住所：〒904-2245　沖縄県うるま市字赤道255-9

電話：０９８（９７４）８５６６

FAX：０９８（９７４）８５６８

ＨＰ：平良修税理士事務所　検索

ナンクルナイサの経営から発展する会社へ
社長業と会社経営

平成29年7月28日　初版第1刷発行

著　　者　平良　修

発 行 所　新星出版株式会社
〒900-0001
沖縄県那覇市港町2-16-1
電話（098）866 − 0741
FAX（098）863 − 4850
発　　売　琉球プロジェクト
電話（098）868 − 1141

ISBN978-4-905192-97-8
定価はカバーに表示してあります。
万一、落丁・乱丁の場合はお取り替えいたします。